Luxomania

Edwige Martin

Luxomania

Confidences d'une vendeuse dans l'univers secret du luxe

PLON

www.plon.fr

ISBN : 978-2-259-21590-9

« Aujourd'hui le shopping et la mode sont des activités culturelles. »

Karl Lagerfeld.

Janvier

– Bonjour. Avez-vous une expérience dans la vente ? me demande-t-on à l'agence d'intérim.

– Oui, j'ai travaillé quelque temps chez un jeune créateur, rue de Grenelle à Paris.

– Et dans le domaine du luxe ?

– Non, pas vraiment.

– Votre profil est intéressant, mais malheureusement nous n'avons rien à vous proposer dans l'immédiat... Attendez un instant... Peut-être qu'il y aurait une place aux Galeries Lafayette, mais il faut voir... Vous aimez l'univers du parfum ?

– Oui... Beaucoup !

– Il y a le lancement du nouveau Dior la semaine prochaine, en présence de John Galliano. C'est un événement très prestigieux et nous recherchons quelqu'un pour l'inauguration.

Cette proposition semble inespérée et correspond tout à fait à mes attentes. Je suis à deux doigts d'exploser de joie.

– Oh, ça serait parfait ! dis-je avec un immense sourire.

– Il nous faudrait une personne qui puisse parfumer les clientes toute la soirée, installée au centre sous la coupole, à une borne olfactive.

– ...

– Ça vous intéresse ?

– ...

– Ça vous intéresse ?

C'est après un licenciement économique, deux ans de chômage et de missions ponctuelles que je suis finalement allée, contrainte et forcée, frapper aux portes des agences d'intérim. Mes factures s'accumulent et je n'ai plus le choix. Lorsqu'un recruteur me contacte deux jours plus tard, pour un poste de vendeuse rue du Faubourg-Saint-Honoré, j'entrevois une lueur au bout du tunnel. Finalement, travailler comme vendeuse dans le luxe, il y a pire, non ?

Ce matin, alors que la température frise le zéro degré, je me rends d'un pas alerte vers la rue du Faubourg-Saint-Honoré. La rivale de l'avenue Montaigne ressemble à un décor de cinéma, avec ses trottoirs immaculés où les boutiques de luxe se succèdent à l'infini. Un mythe. Je sors du métro place de la Madeleine et me dirige vers le magasin avec appréhension. J'ai le cœur qui bat comme pour un rendez-vous d'embauche. Emmitouflée dans mon long manteau noir, je marche, les épaules crispées, vers l'adresse indiquée. Il est encore tôt et Paris s'éveille. La place de la Concorde que j'observe au loin est déserte. Je suis comme dans une maquette grandeur nature ou une jolie carte postale sur laquelle le temps s'est arrêté. Je jette un rapide coup d'œil aux vitrines du Faubourg avant de relever la tête vers ces huit lettres d'or : MONTEZZO. Une enseigne au nom magique qui fait frissonner des millions d'adeptes. Pétrifiée par le froid et les doigts de pied glacés dans mes escarpins, j'entre dans le panthéon du luxe à l'italienne.

Le hall du magasin, immense et haut de plafond, est entièrement vide. J'ai l'impression d'être dans un grand hôtel, de me trouver parachutée dans un lieu exceptionnel, réservé à quelques privilégiés. Tout est surdimensionné, l'espace, les escaliers, les vases et leurs bouquets d'hortensias démesurés. Seules les femmes de ménage, dont on entend à peine le murmure, s'affairent. Elles se déplacent sur l'épaisse moquette couleur taupe, vêtues de leurs bleus de travail, semblables à de petites fourmis, astiquant soigneusement le mobilier avec leurs chiffons blancs. Silence. Chaque étagère est en ordre, chaque portant déploie sa rangée de vêtements disposés à égale distance. C'est un univers intimidant et froid rythmé par de grands miroirs, des vitrines de verre, des comptoirs en bois aux bords chromés et d'immenses tapis imprimés aux initiales de la maison : le fameux monogramme MM. Il règne dans la boutique un calme monacal. Tout est à sa place, parfaitement propre. Le temple va bientôt ouvrir ses portes pour accueillir ses fidèles. La cérémonie va commencer. C'est une première pour moi et j'ai le trac.

Une vieille femme vient me chercher et m'emmène dans les vestiaires, au sous-sol de la boutique. Le dos voûté, une paire de lunettes sur le bout du nez et coiffée d'une meringue, elle grommelle en descendant l'escalier. C'est Carmen, le cerbère de l'uniforme chez Montezzo. Elle marmonne encore quelques mots puis me demande d'attacher mes cheveux et d'enfiler une tenue aux couleurs de la maison : un tailleur-pantalon marron glacé, une paire d'escarpins, une chemise et un foulard en soie siglé MM. Impeccable. Il ne me manque plus qu'une paire de gants pour ressembler à une domestique modèle, prête à servir : *Coffee or tea** ?

– Cé vous la nouvél ? me demande-t-elle.

– Oui.

– Vous fêt quél taille dé chosour ?

– 39.

– Tené, essayé dou 41, y a plou qué ça.

– Mais je vais nager dedans…

– Bah, vous mettrez des s'melles !

Elle me donne ensuite le reste de mon uniforme : un tee-shirt qui a déjà servi et sent la transpiration, et une chemise qui semble avoir rétréci après plusieurs lavages. Enfin prête, peignée et maquillée, je démarre ma première journée sur ses bons conseils :

– Sutou mettez bien vot'foulard autour dou cou tous les jours, sinon apré cé moi qui vé m'faire engouler !

En montant l'escalier principal, je croise les autres employés tous habillés comme moi. Des clones. Pas de retour en arrière possible. Il me faut absolument ce boulot. Le RSA est ma seule alternative.

* « Café ou thé ? »

Montezzo : marque fondée à Milan en 1910 et qui porte le nom de son fondateur Paolo Montezzo. Symbole de luxe et d'élégance. Renommée internationale. Aura et attrait exceptionnels. Un siècle de succès.

Secteurs d'activité

Maroquinerie, chaussures, prêt-à-porter, soie, joaillerie, accessoires pour animaux domestiques et cosmétiques. Fait partie des leaders mondiaux dans sa catégorie et appartient au groupe WLG, Worldwide Luxury Goods.

Chiffres

6 000 collaborateurs. 220 magasins dans le monde.
2 milliards d'euros de chiffre d'affaires.

Philosophie

Véhiculer du rêve au travers de produits d'exception. Faire vivre à la clientèle un moment unique et inoubliable. Apporter un service de qualité exceptionnelle. Exclusivité et savoir-faire italiens sont les mots-clefs de ce label unique.

* Articles de luxe du monde entier.

J'ai travaillé dans la publicité pendant plus de dix ans avant d'être totalement désabusée par ce milieu. Lassée des réunions clients où l'on s'écoute parler, épuisée de chercher inlassablement de nouvelles idées, de faire, refaire, puis défaire des maquettes jusqu'au bout de la nuit, exaspérée par mon directeur de création qui, habillé en Dolce & Gabanna de la tête aux pieds et grillé aux UV, me répétait en boucle à longueur de journée : *Do you know what I mean** ? Cet univers me donne aujourd'hui la nausée, tout ce qui s'y rapporte m'exaspère. J'ai écumé des campagnes de pub pour des parfums en tout genre, des crèmes antirides miraculeuses, des rouges à lèvres étincelants ou des shampooings énergisants. Toute l'encyclopédie de la cosmétique y est passée.

Mon directeur de création, qui habitait New York, voyageait uniquement en Concorde et le personnel d'Air France lui fêtait toujours son anniversaire à bord. C'était devenu sa résidence secondaire. À Paris, l'hôtel Costes lui servait de pied-à-terre. Nous avons souvent fait des réunions de travail dans sa suite, profitant du *room service* ou de la piscine lorsqu'il sortait d'une séance de massage, emmitouflé dans son peignoir, les doigts de pied vernis bleu métallisé. L'argent a coulé à flots et l'agence a dépensé sans compter. Mais la crise est arrivée et les clients ont commencé à se faire plus rares. Les déplacements en Concorde ont vite été remplacés par des vols long-courriers. Fini le festival de Cannes de la publicité, les interminables notes de frais, les primes, les bonus… Plus de *room service*, plus rien. La clef sous la porte.

* « Tu vois ce que je veux dire ? »

Dix heures. Mélany, la responsable du prêt-à-porter femme, m'accueille du haut de son mètre quatre-vingts. Elle a tout juste trente ans, mais en paraît quarante. Elle use du fond de teint et de l'anticernes comme de peintures de guerre. Grande, mince et brune aux yeux noisette, elle porte fièrement son uniforme de chef de département. Son charisme et sa taille lui donnent des airs d'officier – il ne lui manque que les décorations. Elle est arrivée fraîchement de Londres, d'où elle est originaire. Déjà hautement diplômée, elle a obtenu une maîtrise de français puis a enchaîné chez Selfridges où elle a vite été promue *manager*. Elle parle français à la perfection avec un zeste d'accent anglais. Elle me présente très brièvement au reste de l'équipe après m'avoir lancé avec un humour improbable :

– Ici, réfléchir, c'est désobéir ! On ne se pose pas de questions, on exécute.

Le ton est donné. Elle s'éclipse boire un café. Abandonnée parmi les autres vendeurs, je me retrouve en présence de Florent, un jeune homme épais comme un ver et dont l'unique accessoire – un piercing sur la langue – jure avec l'idée que l'on se fait d'un vendeur du luxe, de Suzanne, la doyenne de la boutique, qui va atteindre ses cinquante-huit ans, et de Tatiana, une jeune Russe originaire de Moscou. Suzanne m'explique les rudiments du métier et m'indique le chemin de la réserve.

– Tu vas voir, c'est très facile. Tu aimes la chasse au trésor ?

Elle me donne un passe magnétique et le code d'accès. Je dois me débrouiller seule.

La réserve se situe deux étages plus haut et, pour y accéder, il faut franchir plusieurs étapes. C'est comme un coffre-fort sous haute surveillance. Tout d'abord, il faut monter un premier escalier, puis s'avancer au bout d'un couloir et activer un code qui ouvre une porte sur un palier. Ensuite, on doit monter un second escalier qui vous mène à l'étage supérieur et ouvrir à nouveau une porte grâce au passe. Derrière, se trouve encore un couloir qui longe l'atelier de retouche. Arrivé au bout, il faut, pour la seconde fois, utiliser ce passe qui vous ouvre la réserve. Une trentaine de marches plus tard et un peu désorientée, j'arrive enfin au seuil de la caverne d'Ali Baba. « Sésame, ouvre-toi ! »

La réserve est remplie de penderies qui s'alignent à perte de vue. Sensation de vertige. C'est un dressing inimaginable, digne d'un *red carpet*. Je m'avance lentement dans les allées, découvrant les manteaux en astrakan, les cabans évasés en vison et lynx, les robes en taffetas, les blousons en python et crocodile, les robes bustiers brodées de cristaux Swarovski et les robes du soir en mousseline de soie imprimées et décorées de pierres semi-précieuses. Extase ! Me voici face à ces merveilles que j'ai admirées pendant des années dans les magazines de mode. L'envie me brûle de toutes les essayer, de me glisser dans ces tenues de rêve et de me métamorphoser en une sorte de déesse éblouie par le crépitement des flashes. Après avoir contemplé une à une ces parures extravagantes et déambulé dans les allées de long en large, je m'assois quelques minutes sur un tabouret qui traîne là, rêveuse et pensive. Il me faut quelque temps pour reprendre mes esprits.

La rue du Faubourg-Saint-Honoré est à présent en effervescence. Attirée par les coups de sifflet de l'agent de circulation et les Klaxon des voitures, je m'avance vers la fenêtre. Je découvre, au travers des lucarnes, les toits de Paris. La colossale église de la Madeleine, autour de laquelle circule une multitude de voitures, trône sur la place. La rue Royale, qui croise le célèbre Faubourg, affiche son interminable file d'attente devant Ladurée, et au loin, sous un ciel à cent quatre-vingts degrés, pointe l'obélisque de la place de la Concorde avec son nez poudré à la feuille d'or. Cachée ainsi sous les toits et entourée des tenues les plus convoitées du moment, j'entends soudain le téléphone sonner :

– Allô, Charlotte ? Tu t'es perdue ?

– Heu, non, c'est qui ?

– C'est Tatiana, il faut que tu viennes, Mélany va faire son *briefing.*

Je redescends sur Terre. Mélany est postée devant son équipe, les mains derrière le dos, et fait les cent pas. On dirait un général qui parle à ses troupes. Elle commence son *briefing* à onze heures précises, comme chaque matin, au prêt-à-porter femme.

– Tout d'abord je souhaite la bienvenue à Charlotte, qui vient de nous rejoindre. J'aimerais faire un point avec vous sur les objectifs de la journée. Aujourd'hui nous avons 13 000 euros à atteindre au prêt-à-porter. La semaine a été assez bonne, alors tâchez de continuer comme ça. Pensez bien à faire le réassort sur le *display* afin qu'il ne manque rien et ne perdez pas votre temps à bavarder : *Money talks**. Voilà, bonne journée.

Elle parle avec la même douceur que Margaret Thatcher. Son petit régiment se met instantanément au travail. Je reste plantée là, un peu désemparée, ne sachant trop quoi faire. Les vendeurs s'agitent en tous sens. Florent passe en coup de vent devant moi pour aller cher-

* « L'argent fait la loi. »

cher le réassort à la réserve. Il s'approche, s'arrête net et me lance :

– Ça pue la transpiration, non ?

Ce qui me frappe en premier, c'est la taille du magasin et sa configuration. C'est un véritable labyrinthe sur trois niveaux, une sorte de mini-centre commercial. Au rez-de-chaussée se trouve le département dédié à l'homme avec les costumes sur mesure, les bagages et les chaussures. Au centre, s'élève un escalier de verre qui semble téléporter les clients jusqu'au premier étage. C'est là qu'est présentée la maroquinerie, l'accessoire emblématique de la marque qui a fait sa renommée et ses heures de gloire. Des niches en acacia en forme d'alvéoles illuminent les sacs à main comme des œuvres d'art. Certaines pièces en python protégées derrière des vitrines de verre servent d'appât et atteignent les 13 000 euros, quand d'autres en crocodile flirtent avec les 25 000. Sueurs froides. Les vendeurs en uniforme montent la garde. Une véritable Légion étrangère d'une cinquantaine d'employés de vingt nationalités différentes – Hollandais, Iraniens, Allemands, Italiens, Russes, Brésiliens, Chinois, Français, Japonais, Marocains, Suédois ou Anglais – au service d'une clientèle internationale exigeante.

Zoom arrière. La collection de chaussures femme est soigneusement posée sur des socles en Plexiglas, éclairés comme les dalles d'un *dancefloor*. Un grand cube de miroirs sert de présentoir aux modèles en série limitée du dernier défilé. On peut ainsi admirer des cuissardes en cuir de quinze centimètres de talon à 1 900 euros ou des bottes en crocodile à 11 000 euros trôner comme de véritables reliques et vénérées tels des objets de culte. Ce sont les « Beverly Hills », un nom qui fait vibrer les clientes et leur donne la chair de poule.

Musique. Un morceau de Phoenix berce la clientèle dans sa quête du Graal. Un peu plus loin, on distingue le département joaillerie qui forme un petit écrin feutré aux lumières tamisées, discret comme un confessionnal et décoré de vitrines parsemées de pierres précieuses, le tout sans indication de prix. Mystère. Enfin, au deuxième étage, on accède au prêt-à-porter femme dont le salon VIP au troisième occupe tout le sommet de cette pyramide. Cet îlot de tranquillité possède un ascenseur qui transporte directement les clientes depuis la rue du Faubourg-Saint-Honoré. Une voix aérienne vous annonce l'étage puis les portes coulissent en un battement de cils. Ici la collection flotte comme en apesanteur. Effet hallucinogène. Tout est fait pour créer une atmosphère unique, réservée à une poignée de *fashionistas.* Épuré et intimidant, le *floor** surgit comme un oasis de vêtements baignés de lumière laiteuse et diaphane, un mirage au bout de cet immense labyrinthe pyramidal.

Je suis bloquée dans le couloir qui mène à la réserve depuis dix bonnes minutes. Les bras chargés de vêtements, coincée dans le noir entre les deux étages, je n'arrive pas à faire fonctionner mon passe. La porte du couloir s'ouvre et un agent de sécurité vient me délivrer.

– Votre passe ne fonctionne pas ?

---

* Le département prêt-à-porter femme.

– Heu, si, mais je ne comprends pas...

– Ah, ça, c'est sûr, vous ne risquez pas d'y arriver si vous utilisez la clef de la machine à café !

Dans l'obscurité, j'ai confondu les deux passes magnétiques . Il m'ouvre et je sors enfin. Comment a-t-il deviné que j'étais coincée là ? En levant la tête, je remarque une caméra dans l'angle du couloir. Je découvre par la suite que chaque recoin de la boutique en est équipé. Après tout, il y a un véritable trésor à protéger. Tous nos faits et gestes sont donc minutieusement suivis depuis la salle de contrôle au sous-sol du magasin. Une pièce tapissée de trente écrans d'ordinateurs qui clignotent simultanément et surveillent tous les étages. C'est là que se situe le quartier général de la sécurité dirigé par Patrick, mon sauveur. Il ressemble à Frankenstein, très grand avec des oreilles décollées qui lui donnent l'air un peu bête. Lorsqu'il s'énerve, un dépôt de salive coagule de chaque côté de sa bouche. Une mousse blanchâtre qui sèche comme du lait caillé. Toute l'équipe des agents de sécurité est sous ses ordres. Il y a Momo, le petit gros qui pète en silence et laisse derrière lui des effluves à s'évanouir, Régis, le champion de karaté qui se cure le nez toute la journée, Djamel, dont le rêve est de devenir commissaire, et Mamadou, qui fait le « physio » à l'entrée du magasin comme s'il s'agissait d'un club privé. À eux cinq, ils forment une fine équipe. Toujours agrippés à leur talkie-walkie et vêtus de leur costume noir, ils se prennent un peu pour les super-héros du magasin. Comme l'indique leur fonction, les agents de sécurité sont là pour surveiller la marchandise exposée en boutique et nous aider à traquer les voleurs. La salle de repos, qui sert aussi de salle à manger pour le personnel, est un peu l'extension du QG de sécurité. Au milieu des deux fours à micro-ondes, de la fontaine à eau et du distributeur de boissons, se trouve une sorte de cadavre exquis géant, avec les portraits-robots des voleurs épinglés au mur et les agrandissements de leurs visages filmés par les caméras lors de leurs passages en magasin. Une ambiance de commissariat que Djamel a soigneusement reconstituée à l'identique.

– QG sécurité, Djamel, j'écoute.

– Djamel, on a un client suspect au deuxième étage. À vous.

– OK, décrivez le suspect. À vous.

– La cinquantaine environ, blonde avec un pull blanc. À vous.

– OK, je la vois sur la caméra trois. À vous.

– Djamel, le livreur de Pizza Hut vient d'arriver, lui dis-je en l'interrompant.

– Chut ! Pas maintenant, pas maintenant !

– Le suspect quitte le département, fausse alerte, Djamel. À vous.

– OK, dites aux gars de prendre leur pause déjeuner, les napolitaines sont chaudes ! conclut Djamel.

À midi pile, une première vague de vendeurs descend déjeuner dans la salle de repos. Chacun a la liberté de sortir ou de manger sur place, mais les prix exorbitants du quartier ne nous laissent pas beaucoup le choix. Je décide de rester là avec mon Tupperware, mon yaourt et ma clémentine. Assise à la grande table parmi les autres vendeurs, j'écoute les potins du magasin et la vie de chacun lorsque Florent pousse la porte avec fracas.

– Oh ! lala ! J'ai chaud, je suis en nage, j'ai la raie des fesses comme un caniveau !

Les vendeurs commentent tour à tour la presse à scandales, le nez plongé dans les magazines posés sur le coin de la table. Il y en a toute une compilation – derniers ragots, photos prises sur le vif et ramassis d'ordures –, empilés comme de vulgaires torchons. Chacun y va de bon cœur pour critiquer la ribambelle de stars qui s'exhibent sous ses yeux. Il faut dire que le président du groupe apparaît lui-même régulièrement dans cet album de famille, puisqu'il s'est marié avec une célébrité dont il a eu un enfant.

– Tu l'as vu, ce chanteur, l'autre jour, il est passé au magasin pour acheter la dernière montre chrono ! Mais, regarde... Il sort avec un mec ?!

– Et celle-ci ! Elle se trimballe avec le sac Amalfi à 3 000 euros sur la plage de Saint-Trop, la vache...

L'heure de déjeuner est donc un moment de détente et la vie des *people* l'attraction principale. Silencieuse, j'écoute et j'observe. Carmen reste muette, concentrée sur son *Télé 7 Jours*. Imperturbable. Elle coche méticuleusement le programme TV de la semaine, notamment la soirée Miss Monde, et termine par les mots croisés. Quant à Mamadou, il se focalise sur ses grilles de sudoku. Patrick, lui, joue au lancer de pingouins sur son iPhone, rigole tout seul, la bouche grande ouverte, pleine de hachis de pizza. Pauvre déjeuner. Je mange à la lumière des néons, retranchée au sous-sol avec ma gamelle en plastique et mon café. Personne ne me pose de question ou n'est surpris de me voir là, assise parmi eux. Moment de solitude. Je voudrais que le temps s'accélère et avoir passé ma période d'essai. Mais il faut d'abord que je fasse mes preuves. Les vendeurs de chez Montezzo ont la réputation d'être des cadors de la vente. Ils habillent toute la jet-set en passant par le show business ou les politiques. J'arrive en territoire inconnu et se faire une place ne sera pas chose facile. Mais, pour l'instant, je suis tout simplement invisible, et surtout bien moins glamour que ces romans-photos de célébrités.

— C'est votre premier voyage à Paris, madame ?
— Oui, oui, *first time* ! Paris, j'adore, *Paris is beautiful, I love Paris** !
— Et qu'est-ce que vous allez visiter ?
— Dior, Chanel, Vuitton, Hermès…

Les vendeurs discutent entre eux à l'écart et se taisent dès que je m'approche. Cette sensation de méfiance à mon égard me met particulièrement mal à l'aise.

– Dis-moi, la nouvelle, tu sais garder un secret ? me demande Florent en me remettant deux classeurs entre les mains sans plus d'explication.

Je suis prête à répondre n'importe quoi pour me faire accepter.

* « Oui, oui, c'est la première fois ! Paris, j'adore, Paris est magnifique, j'aime Paris ! »

– Tu as remarqué qu'il fallait badger chaque fois que tu entrais ou que tu sortais du magasin et que la pointeuse notait à la minute près tes allées et venues ? poursuit-il.

– Oui, en effet.

– Eh bien, en fait, aucun de nous ne pointe à l'heure indiquée sur la machine…

– C'est-à-dire ?

– Par exemple, lorsque je veux prendre plus d'une heure pour déjeuner, je pointe puis je remonte discrètement remettre mon badge à Tatiana avant de sortir. Ensuite je pars tranquille car je sais qu'elle s'en servira pour pointer exactement une heure après mon départ, alors que je vais rentrer bien plus tard. Ni vu ni connu, tu me suis ?

– … Et la responsable dans tout ça ?

– Tu n'as rien à craindre de Mélany. Il suffit de lui faire croire que tu es au stock du sous-sol et elle n'aura jamais le temps de te retrouver sur les caméras… Dans mille cinq cents mètres carrés, c'est facile de jouer à cache-cache…

Accepter les « conditions d'entrée », c'est adhérer petit à petit au club. Ce secret permet mon admission dans la sphère du prêt-à-porter femme et j'ai la ferme intention d'obtenir ma carte de membre. Je pose les classeurs que Florent m'a remis sur le comptoir et les feuillette. Ce sont les catalogues de la Croisière et du Fashion Show. Les photos présentent un look sur un mannequin qui défile de la page un à quarante-deux. Je dois mémoriser la collection et la photographier mentalement. J'étudie attentivement chaque silhouette, puis recherche des yeux les vêtements de référence sur les portants. Je détaille les différents tissus et lis les fiches techniques qui s'y rapportent. Le descriptif est précis, entièrement écrit en anglais, avec l'indication des matières, broderies ou imprimés. Les inspirations de la styliste star, Isabella Canalli, sont expliquées dans le moindre détail et les vêtements montrés à plat afin qu'on en comprenne la composition et la fabrication.

« *This season the collection is built around a luxurious interpretation of a spanish authenticity that makes reference to traditionnal flamenco icones**... »

Bien décidée à signer un CDI, je me plonge avec assiduité dans ce petit dictionnaire du luxe. Je dispose de peu de temps pour ingurgiter ces informations. J'apprends ma leçon au jour le jour et digère ce pavé le soir dans le métro.

Durant cette période d'apprentissage, j'observe attentivement la façon de travailler des vendeurs. Je décide de me calquer sur leur savoir-faire. Quelle est la marche à suivre ? Y a-t-il un protocole ? Des mots à dire ou à éviter ? Un mode d'emploi à respecter scrupuleusement ? Leur comportement avec les clientes et leur façon de faire semblent finalement assez simples et je n'y vois rien de bien sorcier. Bien sûr, l'accueil et la politesse sont de rigueur, avec en prime le service adéquat d'une grande maison de luxe. Parfois, je feins d'aller chercher un cintre en cabine et continue d'épier mes collègues au cœur de l'action. L'appréhension de mes débuts se dissipe peu à peu, mais je ne connais pas encore par cœur la collection et je commets souvent des erreurs. Lorsqu'une cliente me demande d'essayer un *flarepant,* je lui descends un *bootcut.* Ou alors j'oublie dans quelles couleurs et dans quelles matières sont déclinés certains vêtements. Et quand une cliente me ques-

* « Cette collection revisite les codes du luxe espagnol avec authenticité. Elle fait référence à des objets iconiques de l'univers du flamenco. »

tionne sur la composition d'une fourrure, il m'arrive de ne pas savoir quoi répondre. Alors, parfois, je brode... Il faut toujours sembler incollable. Travailler dans la vente est un peu comme pénétrer dans l'arène. C'est une lutte de tous les instants où seul le meilleur gagne. Ma nervosité, que je tente de cacher derrière un calme de façade, me donne des migraines dès les premiers jours et ma boîte de Doliprane fait partie de mon kit de survie. Malgré ma petite avancée au sein du groupe, personne pour l'instant ne m'adresse vraiment la parole. Je me console en allant vider le distributeur de Bounty. Rien de bien grave. Je suis là avant tout pour aider les vendeurs, pas pour prendre leur place. Mais, au fil des semaines, ils semblent moins méfiants à mon égard et commencent à comprendre qu'ils n'ont rien à craindre de moi.

— Bonjour, mademoiselle, je suis très pressée, je recherche une robe de cocktail pour un vernissage que j'organise ce soir, vous avez quelque chose à me proposer ?

— Oui, bien sûr, vous avez une couleur de préférence ?

— Heu, je ne sais pas vraiment... Montrez-moi tout ce que vous avez, me répond la cliente d'un air excédé.

— Vous recherchez une robe plutôt longue ou à la hauteur du genou ?

— Écoutez, je n'ai vraiment pas le temps, alors faites-moi une sélection. Préparez-moi un « vestiaire », j'attends vos propositions. Je pars déjeuner en face chez Ladurée et je reviens dans une heure, d'accord ? Je fais un 38-40..., dit-elle en s'éloignant.

La cliente a disparu et n'est jamais revenue.

Les premiers temps, je suis une sorte de roue de secours, ou plus exactement l'intérimaire de service en période de rodage. Ballottée d'un département à l'autre, le matin j'étiquette des articles au stock en sous-sol, plus tard dans l'après-midi j'époussette les vitres des comptoirs maroquinerie, puis j'enchaîne au département prêt-à-porter femme pour terminer la journée en rangeant la réserve. Je n'ai pas de fonction fixe et c'est un peu l'aventure. Je déjeune lorsque ça arrange tout le monde et on me demande rarement mon avis. Toujours un peu à l'écart. Mais cela ne me décourage pas. Mélany continue d'organiser son champ de bataille le matin et nous *briefe* parfois deux fois par jour. Soporifique. Je suis présente en apparence, mais mon esprit est ailleurs.

Dans cet épicentre du luxe règne une atmosphère légère rythmée par les cancans et les anecdotes du monde de la vente. Je commence petit à petit à mettre un nom sur les visages des clientes et à identifier les vendeurs.

– Ça fait longtemps que tu travailles ici, Suzanne ?

– Oh ! lala ! Oui ! J'ai trente-cinq ans de maison. J'étais là lorsque le premier magasin a ouvert à Paris. Maintenant je fais partie des meubles... Je suis un peu comme un fossile !

– Trente-cinq ans... ?

– J'ai pris ce boulot en arrivant à Paris, en dépannage. Je suis d'origine égyptienne. Montezzo recherchait des vendeurs qui parlaient couramment arabe pour sa clientèle du Moyen-Orient. Et puis, tu sais comment c'est... Il n'y a que le provisoire qui dure ! Méfie-toi...

Chaque journée est un nouvel acte où se joue la pièce de théâtre de la maison Montezzo. Il n'y a qu'à attendre les trois coups. Je me demande parfois comment tant de situations cocasses peuvent s'enchaîner les unes après les autres dans un univers qui se veut si sérieux et si protocolaire. Montezzo a formé chacun de ses vendeurs comme on fabrique une armée du luxe. Ils en sont les petits soldats façonnés à son image. Professionnels jusqu'au bout des doigts, trilingues et un brin cultivés, ils récitent chaque jour leur leçon par cœur. Ils ont suivi un entraînement spécial et sont toujours prêts à servir. Vais-je moi aussi être formatée comme un robot multifonction ? Je n'ai pas vraiment le choix. Je dois me conformer à la règle comme tout le monde. Mais, malgré cette discipline de fer, il y a toujours un rebondissement ou un imprévu qui interrompt le bon fonctionnement de cette machine de guerre. Et je me retrouve aux premières loges de ce spectacle tragicomique.

Janvier

La sonnerie du téléphone retentit. Tatiana qui rêvasse se jette sur le combiné pour répondre.

— Montezzo Faubourg, Tatiana, bonjour, puis-je vous aider ?

— C'est Mélany. Vous pouvez me dire ce que vous faites affalée sur le comptoir ?

Tatiana reste figée. Interloquée. Ses pupilles vont de droite à gauche à toute vitesse. Son cerveau cherche à établir une connexion.

— Vous m'entendez ? reprend Mélany. Tenez-vous droite, vous n'êtes pas serveuse dans un bar !

Piégée par la caméra qui est directement connectée au bureau du directeur, Tatiana vient d'être rappelée à l'ordre.

Février

Les agents de sécurité stationnent devant le magasin et grillent leurs dernières cigarettes avant l'ouverture des portes. Tous en uniforme, ils s'exercent la voix en fronçant les sourcils, la main droite dans la poche et l'autre tenant leur talkie-walkie. À dix heures précises, le magasin ouvre et Mamadou prend aussitôt place à l'entrée comme un chien de garde empaillé, dressé là pendant huit heures d'affilée, sans bouger.

– Soyez professionnels et vigilants lorsque vous vendez un produit à une cliente, nous prévient Mélany lors de son *briefing*. Même si je ne suis pas là, n'oubliez pas que vous êtes constamment surveillés. Nous avons régulièrement la visite de *mystery shoppers** qui viennent sur place tester votre niveau d'anglais ou d'italien, votre connaissance de la collection ou du produit, ainsi que votre qualité de service. Sachez expliquer pourquoi un cachemire n'est pas au même prix qu'un pull en alpaga, par exemple. Enfin, soyez sur vos gardes et considérez toujours un client comme un ennemi potentiel qui n'est là que pour vous mettre à l'épreuve.

– Mais, ma parole, c'est Big Brother ! murmure Tatiana.

Le client mystère est donc une sorte de Panthère rose. Un détective privé qui travaille pour le compte de Mon-

* Clients mystères.

tezzo à la recherche de la moindre faille qui fera tomber le vendeur. Il n'a l'air de rien et entre dans le magasin incognito. Homme ou femme, sa mission est de piéger l'un de nous. Son éventuelle visite nous maintient en état d'alerte permanente.

– Je souhaiterais également insister sur l'importance du CRM, *Customer Relashionship Management**, qui, à chaque visite d'un nouveau client, permet de l'inscrire dans notre fichier. Souvenez-vous que le CRM sert à augmenter notre nombre de clients, à établir leurs dernières dépenses et à les fidéliser. C'est en les fidélisant que nous augmenterons la marge de chacun d'eux et que par conséquent nous gagnerons plus d'argent. Tenez, lisez ça et apprenez-le par cœur dès aujourd'hui, poursuit Mélany en nous remettant en main propre la bible de Montezzo.

Je découvre un fascicule de deux cents pages recouvert d'une couverture bronze avec le logo MM en lettres d'or. Y sont détaillées les rubriques suivantes : la culture de la marque, les dates clefs, le « made in Italy », les secrets de fabrication, le e-commerce, le règlement intérieur, le temps de travail et la convention collective. Il s'agit également d'un véritable Bottin mondain rempli de coupures de presse où s'affichent les stars qui, habillées en tenue de gala Montezzo, participent à la propagande et à la renommée de la marque.

– *Things hardly attained are long retained*** *!* ajoute Mélany.

Encore une leçon à apprendre par cœur. Ce petit test de connaissances concerne directement les nouvelles

* Fichier clients.

** « Les choses que l'on apprend difficilement se retiennent plus longtemps. »

recrues et je devine que Mélany nous interrogera sur le sujet très prochainement.

— Alors, madame Bouchain, comment vous sentez-vous dans ces chaussures ?

— Eh bien, je ne sais pas trop… Je les remplis bien de chaque côté.

— Mais vous vous sentez finalement à l'aise dans le 38 ou pas ?

— Heu, oui, mais en fait il reste encore un peu de place au bout… Vous croyez qu'elles vont rétrécir ?

Une cliente entre tranquillement dans le département et se dirige vers moi. Elle porte une veste de smoking en velours noir et python argenté sur un jean *slim* en denim gris délavé. Silhouette carénée, surélevée sur une paire d'escarpins à la fameuse semelle rouge, elle tient l'irremplaçable Birkin à son bras. Sa plastique est parfaite et le collier de perles multirang qui se balance à son cou illumine son visage. Elle prend une robe sur un portant et tend son bras vers moi sans dire un mot. J'en déduis qu'il faut que je la lui dépose en cabine d'essayage. Lorsqu'on travaille dans le luxe, la cliente ne se sert pas elle-même, mais vous montre du bout de sa manucure ce qui lui plaît. Service prestige, bien sûr. Elle utilise en général assez peu de vocabulaire pour vous expliquer ce qu'elle souhaite, mais ses désirs sont des ordres et vous n'avez plus qu'à les exécuter.

– *This dress, size fourty, black**, me dit-elle en pointant de son ongle laqué rouge différents articles, sa montre Cartier lanière hexagonale or gris dix-huit carats entièrement pavée de diamants bien en évidence.

Nous nous exprimons en anglais, russe, chinois ou arabe la plupart du temps. Le français est une langue morte rue du Faubourg-Saint-Honoré. Sans dire un mot, je fais essayer à la cliente la robe qu'elle achète immédiatement. En préparant la fiche CRM et en détachant l'étiquette prix, je vois inscrite la somme de 3 300 euros. Achetée en un clin d'œil comme une baguette de pain. Je continue le reste de la matinée sur ma lancée avec un tee-shirt en coton brodé à 995 euros. Le montant de mon loyer… Puis j'enchaîne avec un cuir à 4 000 euros. Une bagatelle ! Les achats des clientes sont spontanés et demandent finalement assez peu d'efforts. Je travaille dans un magasin de luxe qui s'apparente à un supermarché, mais, au lieu de servir des biens de première nécessité, je sers des renards, visons ou chinchillas comme du poisson à l'étalage.

Tatiana déjeune en même temps que moi ce jour-là et me propose de descendre avec elle en salle de repos. De toute l'équipe du prêt-à-porter femme, elle seule commence à se rapprocher de moi. Brillante étudiante à la Sorbonne, elle est chez Montezzo depuis un an et habite Paris avec son frère. Sa personnalité et son franc-

* « Cette robe, taille 40, noire. »

parler ne passent pas inaperçus dans le magasin et elle prend souvent la parole comme un vrai chef d'État face à un auditoire attentif. Le déjeuner s'apparente alors à un débat télévisé en *prime time*.

– La Russie est le plus grand pays du monde ! Et nous avons cent trente-six mille millionnaires !

– Mais, enfin... Tout le monde sait que ce sont des bandits ! Ils peuvent remercier Eltsine d'avoir été bourré vingt-quatre heures sur vingt-quatre !... Quel pantin celui-là...

– En tous les cas, si je suis à Paris, c'est grâce à Poutine. Il nous a vraiment sortis de la merde !

On a un peu l'impression qu'elle donne chaque fois une conférence de presse. Son public oublie alors ses lectures légères pour se concentrer sur son discours qu'elle déclame avec ardeur et véhémence. La Russie est son sujet de prédilection, et plus particulièrement Vladimir Poutine qu'elle défend bec et ongles face à une audience peu clémente. Il est impossible de le critiquer ou de toucher un seul cheveu de sa tête, ou du moins ce qu'il en reste. Intouchable, ce cher Vladimir. Malheureusement, cette heure de pause mouvementée et explosive touche vite à sa fin et il faut se résoudre à retourner sur le *floor*. Le distributeur de boissons éjecte mon café noir sans sucre et sonne la fin de ce « Droit de réponse ».

L'après-midi s'écoule lentement, semblable à la matinée. Les clientes se succèdent et je continue à les alimenter en crocodile, opossum ou marmotte. Buffet à volonté. Dix-neuf heures sonnent enfin. La journée s'achève et je me dirige vers le vestiaire pour me changer. J'aperçois Tatiana prête à partir qui attend en silence, assise sur un tabouret au bout de la rangée de casiers.

Je me déshabille et enfile mon jean, mon pull et mes boots. Elle ne bouge toujours pas et reste plantée là. Au bout de quelques minutes, je lui demande :

– Mais qu'est-ce que tu fais là ? Tu ne rentres pas chez toi ?

– Bah, je t'attends. On rentre en métro ensemble, d'accord ?

Nous prenons toutes les deux la ligne 8. De nature chaleureuse, Tatiana se confie spontanément. Elle me raconte le périple de son arrivée en France, ses Noëls en Russie, le décès de son papa, son frère Alexandre qu'elle adore et sa maman qui représente tout pour elle. Je découvre une jeune fille vive et attachante.

– Tu verras, quand tu viendras à Moscou, ma mère te cuisinera notre plat favori, le bortsch ! Et je t'emmènerai aussi faire un tour au Gum, c'est un peu notre rue du Faubourg-Saint-Honoré à nous ! Il est pile sur la place Rouge, c'est magnifique, tu sais !

Avec elle, le voyage passe à toute allure et nous nous retrouvons assises l'une à côté de l'autre à évoquer la journée, mais aussi à refaire le monde comme deux copines de lycée.

Elle m'attendra dès lors chaque soir dans le vestiaire.

— Allô ? Bonjour, madame Ponsour, dit Carmen.

— Bonjour, répond la cliente.

— Jé vous appelle au sujet de votre valiz qué vous aviez laissée en réparation. L'Italie l'a expertizée, mais ça va vous coûter au moins 2 000 euros, cêt histoire.

— Mais comment ça… ?

— Bah, oui, madame Ponsour, vous savez, la valiz, elle est drôlement amochée… Cé sans doute en soute qu'elle a doù s'abîmer comme ça.

— Mais je ne comprends pas…

— Ah, vous savez, auchourd'hui, ils balancent les valiz en soute…

— Mais cette valise n'a pas voyagé en soute…

— Ah, bah, alors ça doit être sour le tapis roulant dé l'aéroport, vous savez quand vous attendez…

— Oui, oui, je sais, je prends l'avion régulièrement, mais ma valise n'a pas voyagé de cette façon-là…

— Ah, bah, j'vois qu'ça, madame Ponsour ! Vot valiz, elle est drôlement abîmée…, répète Carmen.

— Écoutez-moi, je vous arrête tout de suite car je voyage uni-que-ment en jet privé ! Alors votre expertise avec le tapis roulant, le voyage en soute et le « tutti quanti », ça ne marche pas avec moi, vous m'entendez ? ! Si Montezzo n'est même pas capable de faire des valises solides, ce n'est pas mon problème ! Faites-leur savoir que j'irai en acheter une neuve demain chez Goyard !

Florent surfe sur les sites de rencontres gays et découche régulièrement. Il vit en couple, mais s'accorde quelques aventures extraconjugales dont il nous fait le récit sous forme d'une « rubrique rose » hebdomadaire. Du haut de son mètre quatre-vingt-dix, avec son regard bleu perçant et sa chevalière tête de mort, il tue le temps en jouant à dérouler sa langue avec son piercing.

– Aaah, mais c'est écœurant, arrête ! s'énerve Tatiana.

– Sssssss…

Il est extrêmement maniaque et garde systématiquement dans ses poches un double de ses factures. Il s'en sert pour faire le décompte de ses ventes. Depuis son arrivée, il occupe la première place des vendeurs du prêt-à-porter femme. J'ai remarqué sa nervosité et sa fébrilité dès qu'une cliente s'approche. Ses mains tremblent et sa voix vacille. Cela me surprend et me déconcerte à la fois. Toujours tiré à quatre épingles et l'uniforme impeccable, Florent a une élocution précieuse qui rappelle celle d'un jeune serveur récitant la carte du jour.

– Madame, cette collection fait référence à un style rock'n roll prononcé. Nous sommes typiquement dans un luxe décontracté doté d'une élégance pour le soir et d'un esprit chic pour la journée. Comme vous pouvez le constater, les touches fluorescentes sur ces blousons en cuir s'inspirent d'un mouvement esthétique et musical qui trouve son inspiration à Londres dans les milieux *underground*. Ces vestes, dont les imprimés sont appliqués de façon artisanale, sont réalisées à la main. L'excellence de notre savoir-faire est visible sur toutes ces pièces uniques qui sont signées du monogramme MM… et entièrement fabriquées en Italie, bien évidemment. Il peut ainsi poursuivre son monologue sur un air courtois, face à une cliente béate d'admiration. Extrêmement fier de servir cette maison à la renommée exceptionnelle, il est persuadé de faire partie d'une élite et de figurer parmi les quelques élus dignes de pénétrer dans l'univers inaccessible du luxe. Un honneur.

– Il y a beaucoup de personnes dans le magasin qui sont jaloux de nous, tu sais, me glisse-t-il.

– Ah bon... Comment ça ?

– Le prêt-à-porter femme est un secteur où les vendeurs sont triés sur le volet. Ce n'est pas donné à tout le monde de travailler ici. Les autres aimeraient tout simplement prendre notre place...

– Ah...

Je mets sa sincérité et sa naïveté sur le compte de ses vingt-sept ans, mais surtout sur celui de sa vanité. Il a l'intime conviction d'être envié du monde entier. Dès mon arrivée, je me rends compte qu'il est craint du reste de la boutique. Les rumeurs sur son sens élevé de la compétition et sa langue de vipère sont déjà arrivées jusqu'à mes oreilles. Je reste prudente, bien que son humour mordant me fasse souvent craquer. Son ironie et ses sarcasmes sont devenus ma distraction favorite dans ce palais des glaces où déambulent des mutantes dopées au Botox.

— Allô, Montezzo Faubourg, Florent. Bonjour, puis-je vous aider ?

— Oui, bonjour, monsieur, je voudrais savoir si vous avez reçu la robe qui est en couverture de *Vogue* ?

— Vous parlez du *Vogue* français ?

— Ben, oui, on est en France, non ?

— Oui, tout à fait, madame, mais *Vogue* est édité dans plusieurs pays et nous recevons des appels du monde entier…

— Je vous parle du *Vogue* français, bien sûr.

— La robe dont vous parlez, madame, n'est pas encore en magasin, mais elle devrait arriver le mois prochain.

— Et quel est son prix ?

— Elle est aux alentours de 21 000…

— Francs ?

— Euros, madame. La France a changé de monnaie en janvier 2002.

— …

Aujourd'hui, la vendeuse qui était partie en vacances est enfin de retour. Tatiana m'en a parlé comme d'un phénomène et ma curiosité est à son maximum. Je trépigne d'impatience.

– Tu vas voir, c'est un mélange masculin-féminin, une sorte de « créature » exotique…, explique Florent avec son ironie habituelle.

J'enfile mon uniforme dans le vestiaire, comme chaque matin, puis grimpe les marches jusqu'au deuxième étage. Arrivée sur le *floor*, je reprends tranquillement mon souffle avant d'attaquer la journée quand, soudain, je reste bouche bée. Un colosse d'à peu près un mètre quatre-vingts s'avance vers moi. Ébahie, je reste muette… Est-ce un homme ou une femme ? Découvrant sa crinière blonde, sa peau noire, ses faux ongles et son parfum qui embaume les couloirs, je déduis immédiatement que je me trouve face à LA créature. Il ou elle me fait un grand sourire qui laisse entrevoir ses dents du bonheur. Le doute plane.

– *Hola, todo bem** ? ! dit-il/elle avec une voix suave.

C'est bien ça, la description de Florent est juste, mais la réalité semble dépasser les mots.

– Jé soui Paloma, mé tout le monde m'appelle Palou. Cé toi, la nouvél ?

– Oui, bonjour. Je suis Charlotte.

– Ma dis-moi… Tou né pas un peu brésilienne toi aussi ?

– J'ai des origines brésiliennes assez lointaines, je crois…

– Aaaaah, *vose também e brasileira*** ! Alors on sé fé la biz ! Hein ? !

Paloma se jette sur moi et ses lèvres maquillées d'un rouge à lèvres vif aspirent chacune de mes joues comme deux ventouses. Elle m'agrippe de sa *french manucure,* puis m'enlace et dépose une énorme trace d'escargot sur ma joue droite. Son énergie et son sens de l'hospitalité sont à l'image de ses origines solaires. Ce qui me frappe en premier, hormis sa taille, c'est son visage carré coiffé d'une longue chevelure artificielle qui fait penser à une perruque. Mais comment cet énergumène a-t-il atterri chez Montezzo ? Ses jambes arquées et la largeur de ses épaules me font penser à un athlète de haut niveau. Ses dents sont parfaitement blanches et sa bouche pulpeuse monopolise mon regard. Stupéfaite et silencieuse, je l'observe s'agiter et parler devant moi avec son accent mélodieux, me

* « Salut, tu vas bien ? »

** « Ah, toi aussi tu es brésilienne alors ! »

demandant si j'ai affaire à un transsexuel. Véritable caricature, son personnage semble irréel et totalement incongru dans une maison de luxe telle que Montezzo. Ce physique aurait sans doute été parfait chez Versace. Quoi qu'il en soit, cette personnalité aussi atypique que volubile me plaît dès la première minute et je vois dans ce casting hors norme une figure du monde de la nuit qui va pimenter l'atmosphère solennelle du prêt-à-porter femme.

— Florent, tou aimes ma nouvél coiffure ? demande Paloma.

— On dirait que tu sors d'une séance de toilettage, ma chérie…

— Ah, enfin un compliment !

— Mais non, je plaisante… Je veux dire que tu ressembles à un caniche abricot !

— Ma cé koi un caniche abricot ?

— Un chien avec une afro, couleur saumon.

Le soir, le vestiaire a des allures de fin de match. Une odeur nauséabonde émane des allées et pollue lentement toute la pièce.

Les corps enfermés pendant huit heures dans ces uniformes fabriqués en Turquie et doublés de polyester respirent enfin et l'on peut sentir des relents de pieds et de transpiration flotter dans l'air. Cocktail explosif. Les lingettes et les déodorants fusent de toutes parts. Nous sommes bien loin de l'univers du luxe. Pourtant, en boutique, nous paraissons impeccables, en dépit de quelques « fuites » – auréoles sous les bras, haleine lourde, cheveux gras ou manucure désastreuse. Mais, grâce à l'uniforme qui nous donne fière allure et gomme toutes nos imperfections, l'honneur de la maison Montezzo reste sauf.

Dix-neuf heures trente. Enfin libre. Je m'engouffre dans le métro aux heures de pointe, les jambes douloureuses, assommée par une migraine. « Attention à la porte, tu risques de te faire pincer très fort », prévient le petit lapin collé sur la vitre qui se referme derrière moi. Une fois à bord de la rame, je guette avec impatience une place assise. Lorsque l'une d'elles finit par se libérer enfin, je m'affale sur la banquette et mes paupières se ferment au premier bercement du wagon. Mes pieds me lancent et je suis épuisée. Huit heures à se tenir debout et seulement quinze minutes de pause pour s'asseoir, tel est le sort d'une vendeuse. J'essaye de lutter contre le sommeil en observant les affiches qui défilent sous mes yeux : « Un apéritif, un vrai », « Vibrez plus grand », « Plus rien ne vous retient... » Parfois le ballet incessant des voyageurs qui montent et descendent suspend mon sommeil un court instant, mais rien n'y fait, mes paupières se referment sous le poids de la fatigue. Je lutte. Impossible de garder les yeux ouverts. Ma tête pique d'un seul coup en avant, ce qui me réveille en sursaut. Spectacle ridicule.

Sortie boulevard Beaumarchais, je m'arrête chez Picard. J'achète un plat cuisiné avant de fondre devant un pot de glace Macadamia Nut Brittle, idéal pour suivre *Mad Men,* ma série fétiche du moment. Arrivée à la maison, j'allume mon four à micro-ondes et me jette sur mon lit. J'appelle Chris, mon amie d'enfance. Nous nous sommes connues à la maternelle, voici maintenant trente ans, et Chris est comme une sœur pour moi. Aujourd'hui, c'est une jeune avocate qui n'a jamais perdu un seul procès. Le monde de pacotille dans lequel j'évolue la fascine. Elle écoute mes péripéties du jour comme on suit son horoscope et décrypte avec humour les attitudes de mes collègues de travail. Elle devient rapidement mon auditrice favorite.

– …Et dire que je me suis tapé une audience avec un juge qui bayait aux corneilles !

– Écoute, si tu veux, on échange… Tu me laisses ta robe et tu enfiles mon uniforme !

Mars

Directeur de la boutique, mais aussi « chauffeur de salle » à ses heures, Lorenzo aime se promener dans les étages pour y mettre un peu d'ambiance. Il fait parfois quelques apparitions furtives au prêt-à-porter femme pour nous surprendre.

Il pointe son nez un après-midi et nous lance :

— Vaporisez du parfum dans l'air, les filles ! Il faut que ça sente un peu la pute, ici…

Antonia fait trembler les vendeurs, malgré son visage d'ange qui trompe son entourage. Elle est l'assistante du directeur, mais préfère qu'on la considère comme son bras droit. C'est elle qui fait régner l'ordre sur les mille cinq cents mètres carrés du magasin, toujours guindée avec ses airs de mère supérieure. Lorenzo n'a donc pas besoin de tyraniser ses équipes. Il se contente de jouer les *entertainer* et de flamber dans ses costumes trois-pièces. Il a quarante ans, est beau, gay et élégant. Ses origines argentines, son teint halé et ses cheveux ébène lui donnent des allures de dandy, ce qui émoustille plus d'une cliente.

De temps en temps, j'observe Antonia du coin de l'œil et me demande comment elle fait pour adopter en permanence ce mode de fonctionnement, distant et rigide. Toujours aux aguets et à l'affût de la moindre erreur, elle ne lâche jamais prise. À aucun moment elle ne se détend. Dès qu'elle pousse la porte de la salle de repos où déjeune l'ensemble du personnel, on entend une mouche voler.

– Mais ne vous arrêtez pas de discuter parce que je suis là, enfin ! s'exclame-t-elle chaque fois.

Bien évidemment cela ne change rien. Partout où elle passe, souffle un blizzard légèrement parfumé à Angel. La majeure partie du temps, elle est sur le terrain et inspecte la surface de vente. Elle veut tout diriger, se démultiplier, être sur trois étages à la fois. On la voit aller, venir et revenir, s'agiter, hurler, crier puis rougir. Dès qu'elle apparaît, c'est pour nous faire une remarque désobligeante. Sa bible est le règlement et elle prêche la bonne parole dans le magasin. Ah, le règlement ! Antonia ne jure que par lui. C'est son livre de chevet, son cheval de bataille ! Lorsqu'elle s'adresse à un vendeur, c'est toujours pour lui en réciter un commandement ou lui en rappeler une clause. Elle le connaît par cœur et n'autorise aucune fantaisie de notre part. Il faut le respecter à la lettre et son œil de Caïn y veille. Rien ne lui échappe lorsqu'elle nous scrute de la tête aux pieds.

– Paloma, c'est quoi, ce toupet ? Attachez vos cheveux, s'il vous plaît.

– Mais jé fé faire une frange hier chez le koiffeur !

– Peut-être, mais vous ressemblez à un bobtail.

– Ma cé quoi un bobtail ?

– … Je veux seulement dire qu'on ne voit pas votre visage. Alors attachez vos cheveux, c'est le règlement.

Antonia finit souvent ses phrases par ces quatre mots auxquels on ne peut rien rétorquer. Elle sait pertinemment que nous avons tous eu, dès notre arrivée chez Montezzo, la bible entre les mains et que nous y avons apposé nos initiales. Le règlement y est exposé point par point et le paragraphe concernant l'uniforme en magasin fait trois pages à lui tout seul. Coiffure comprise.

— J'en né vraiment marre qué tout lé monde me prenne pour un chien dans cette boutik ! s'exclame un jour Paloma dans un élan de colère.

Chaque matin il y a la queue près de la table à repasser. Celle-ci est en permanence dépliée dans la salle de repos et sert aux nombreux retardataires qui veulent peaufiner leur apparence à la dernière minute. Suzanne est la seule employée du magasin à arriver déjà en uniforme. Elle ne s'embête plus à courir pour se changer dans le vestiaire. C'est une coquetterie dont elle se passe depuis plusieurs années. De son côté, Carmen inspecte les vendeurs le regard en biais et examine l'état des uniformes. Séance de maquillage accélérée, vrombissement des sèche-cheveux et vaporisation de déo. Puis, coup d'œil dans le miroir et vérification de l'allure générale. Les vendeurs qui sont déjà prêts papotent du programme télé-réalité de la veille devant la machine à café. À côté, s'agitent les fleuristes en blouse blanche qui viennent changer la décoration du magasin et préparer la cinquantaine de nouveaux bouquets prévus. Quant à Lorenzo et Antonia, ils siègent déjà dans leur tour de contrôle. Les abeilles s'activent en sous-sol et la ruche s'organise. Le parfum des roses fraîchement coupées se mélange à l'odeur exquise du café et à celle du cirage. Un délice. Ce foisonnement et tous ces préparatifs me font penser aux coulisses d'un palace.

– Qu'est-ce que vous allez faire des bouquets de la semaine dernière, demandé-je au fleuriste.

– On jette tout.

– Vraiment ? J'aimerais bien en récupérer…

– Pas de problème, je vous en mets un de côté.

Les sauvant de la poubelle, je recycle chaque fin de semaine les orchidées, hortensias ou roses pour le plus grand plaisir de mon quarante mètres carrés.

Paloma, qui prend son temps, se trémousse en fredonnant du Madonna, son iPod sur les oreilles, mimant une chorégraphie maladroite mais toujours dynamique.

– *You've gat tou dicyde, stand in ze dark or bi e staaar** !

– Allez, dépêche-toi, il faut qu'on badge sinon on va être en retard !

* « C'est à toi de décider, soit tu restes dans l'ombre, sois tu deviens une star ! »

Bavarde et joyeuse, Paloma fait la bise aux vendeurs et caracole dans tous les départements avant de monter au deuxième étage. Son arrivée au prêt-à-porter femme est systématiquement retardée de quinze minutes, ce qui a le don de mettre Mélany sur les nerfs. L'îlot sur lequel nous travaillons nous coupe toute la journée du reste de la boutique et, la plupart du temps, je n'aperçois les autres équipes qu'à l'heure du déjeuner, dans la salle de repos. La pression du chiffre d'affaires est constamment au cœur des discussions des vendeurs. Comme une boussole, c'est le seul repère.

– Tu dois faire combien aujourd'hui ? demande Paloma à l'un d'entre eux.

– Je suis en retard… Je n'ai pas fait mon chiffre cette semaine.

– Tu sais quel chiffre le magasin a fait hier ?

– On est bien placés, nous allons atteindre les quatre-vingt-dix pour cent de notre objectif ce mois-ci… On va enfin avoir une paye à peu près correcte.

Le chiffre, toujours le chiffre. Les vendeurs n'ont que ce mot à la bouche, et pas une seule journée ne passe sans qu'on en parle. Chaque *manager* de département nous assomme tous les matins sur le sujet, armé de son tableau Excel. Comme des funambules, nous glissons en permanence sur la courbe des objectifs de la journée, de la semaine, du mois, du trimestre, du semestre puis de l'année, pour finir par le bouquet final, l'évaluation des performances. Une étape décisive et déterminante si l'on souhaite évoluer dans le groupe WLG, mais surtout si l'on vise une simple augmentation de salaire. Le chiffre est donc l'obsession de notre quotidien, un élément qui détermine notre niveau de vie, car, chez Montezzo, il n'y a pas de treizième mois ni de prime personnelle. Juste un mince salaire assorti d'une petite commission boutique que les vendeurs se partagent toutes les fins de mois. Il faut attendre que l'année se termine pour savoir si nous allons goûter à une part du gâteau et toucher la fameuse prime annuelle sur objectifs. J'ai été engagée à un moment de plein essor et les objectifs ont considérablement augmenté : il faut réaliser quarante pour cent de plus que l'année précédente ! Un pourcentage que les vendeurs s'essoufflent à atteindre sous la pression de la direction. Une carotte toujours plus grosse que les petits ânes que nous sommes s'efforcent de croquer.

J'observe Palou s'agiter sur le terrain comme si son retour de vacances l'avait boostée. Il faut qu'elle rattrape son retard car Lorenzo ne tient pas vraiment compte des absences. Il ne juge que la performance. Elle alpague chaque nouvelle cliente qui entre dans le département et vend la collection à gorge déployée, comme à la criée. Lorsque l'une d'entre elles fait appel à ses services pour essayer un modèle, elle l'inonde de marchandises dans un anglais incompréhensible.

– *I chow dis dress for you see.*

– … ?

– *Perfect bodi you do* ?

Les clientes se trouvent alors ensevelies sous un amas de vêtements et une montagne de chiffons s'empile dans les cabines d'essayage, faisant place à un bazar monumental, digne du marché aux puces. Paloma marque son territoire. Sa sympathie débordante est en osmose avec le désordre qu'elle laisse derrière elle. Bruyante, imposante et dotée d'une énergie indéniable, son rire résonne sur le *floor* et jusque dans les étages inférieurs. On ne voit et n'entend plus qu'elle. Florent lève les yeux au ciel, exaspéré et jaloux, mais surpris par la facilité désarmante avec laquelle elle vend.

– Tu comptes t'arrêter quand ? Laisse un peu de dessert pour les autres…

– Ah bah, cé la meilleure, celle-là, parceké toi tou partages le gâteau, peut-être ?

Par son physique inhabituel et son tempérament, Paloma pétille. Elle est la mascotte du magasin. Sur les conseils bienveillants de Tatiana, je décide de ne pas me mêler de la « bataille » qui l'oppose à Florent et reste en retrait, loin des hostilités. Ils se disputent depuis longtemps la première place et cette compétition, à laquelle aucun d'entre nous ne veut participer, les a laissés en duel, face à face.

— Florent, c'est un chewing-gum que vous avez dans la bouche ?

— Non, un bonbon, Antonia.

— Vous savez que vous n'êtes pas autorisé à mâcher en boutique, c'est totalement contraire à l'image de notre maison.

— Mais je ne mâche pas, je suce.

Mélany arrive souvent les yeux cernés le matin. Son visage est fatigué et elle semble rarement sereine. C'est une *business woman* qui veut réussir à tout prix. Elle aime l'argent et le proclame haut et fort. Consciencieuse et d'un tempérament de *winner*, elle déteste perdre. Aujourd'hui, elle nous réunit comme à son habitude pour une mini-réunion à onze heures précises. Migraine.

– *Hi, everyone*, nous avons bien travaillé hier avec une journée à 16 000 euros au prêt-à-porter femme et 90 000 euros sur l'ensemble du magasin. Nous avons pris un peu d'avance sur notre objectif du mois prochain, alors continuons. J'ai rédigé la liste des tâches à effectuer car j'ai constaté que celles-ci ne seraient jamais faites si je ne vous les répétais pas à longueur de journée… Chacun d'entre vous devra les appliquer à tour de rôle selon les noms indiqués sur le planning. Alors, regardez bien… Florent, vous vous occuperez de monter les tasses à café, les verres et les plateaux chaque matin. Assurez-vous aussi que le frigo soit toujours rempli de boissons fraîches pour nos clientes et veillez à ce qu'il y ait toujours un assortiment de Coca-Cola light, Perrier et eau minérale. Tatiana, vous vous occuperez du réassort. Il ne doit absolument rien manquer sur la surface de vente. Chaque article doit être systématiquement doublé en tailles 38 et 40. Soyez observatrice et veillez à sortir des nouvelles pièces lorsque certaines seront épuisées. Nous avons recruté une employée qui se consacrera exclusivement au rangement des vêtements en rayon. Elle s'appelle Olga. Cela vous permettra de vous concentrer sur la vente. Elle rangera vos cabines et repliera toute la journée les articles en vrac sur le *display*. Enfin, Suzanne et Charlotte, vous vous occuperez des transferts. Nous recevons chaque jour beaucoup de demandes provenant de toute l'Europe, alors veillez à ce qu'il n'y ait pas d'oubli. *Assiduity makes all things easy** !

Les vendeurs lèvent les yeux au ciel tandis qu'elle s'éclipse pour prendre son café. Nous allons donc avoir un page à notre service. Une petite femme docile et muette qui balayera derrière nous. Du jamais vu.

– Whaou ! Une femme de ménage rien que pour nous ! Ça, c'est du luxe ! conclut Tatiana en souriant et en frappant des mains.

– Non mais c'est quoi cette liste avec le planning des tâches à effectuer, j'ai passé l'âge..., soupire Suzanne.

– ... Mélany va nous faire des réunions comme ça pendant combien de temps ? ! maugrée Florent. Qu'est-ce qu'elle radote !

Une connivence s'installe petit à petit entre Florent et moi. Nous avons le même sens de l'humour et aussi deux points communs : George Michael et le cinéma. Il commence peu à peu à ramper dans ma direction comme un serpent charmé par le son de ma flûte.

– J'ai deux invit pour la première de *Sex and the City*, ça te dit ?

– Naaaan ???!

– Siiiiiii !!!!

Malgré son snobisme et sa langue de vipère, ses blagues à répétition me font toujours rire aux larmes. Il dévisage toute nouvelle cliente qui entre dans le département en inclinant la tête vers l'avant, l'observant par-dessus sa monture de lunettes avec un regard condescendant. Lui seul sélectionne sa clientèle de façon méticuleuse et ne sert que les femmes dont les

---

* « L'assiduité facilite tout. »

mensurations parfaites honorent Montezzo. Le *nec plus ultra.*

– Oh, regardez, les filles, une boule à facettes ! lance-t-il.

Une femme habillée d'une robe jaune d'or vaporeuse, constellée d'imprimés microscopiques en lurex, se traîne vers Suzanne.

– Oh, merde… encore une épave… À tous les coups, celle-là, elle est pour moi…, murmure-t-elle.

La cliente met le cap droit sur elle et lui demande si elle peut essayer un modèle exposé en vitrine. Coiffée d'une masse capillaire sculpturale en friche, elle marque un temps d'arrêt, essoufflée, puis rampe vers les cabines d'essayage.

– Pfff… Nous n'avons pas sa taille en stock ! murmure Florent d'un air totalement désabusé.

Quelques instants plus tard, Suzanne redescend de la réserve avec une sélection de vêtements. Elle a réussi à trouver différentes tenues pour sa cliente et reste concentrée malgré les blagues de Florent. Il est presque dix-neuf heures. Une fois de plus, la journée a été longue et nous attendons la fermeture avec impatience. Plus que vingt minutes. Soudain, Suzanne fait irruption dans le bureau et nous demande de l'aider à préparer un thé pour la cliente.

– Alors, comment ça se passe avec la boule ? T'as réussi à la faire rentrer dans quoi ? demande Florent.

– Elle a la robe bleue avec le manteau imprimé coquillages de la Croisière, répond Suzanne.

– Non, sans blague ?!! Oh, fais-la sortir de la cabine, qu'on se marre cinq minutes !

– Qu'est-ce qu'on parie si j'y arrive ?

– Une boîte de macarons, ma chérie !

– Ça marche ! Mais restez discrets…

– Bien sûr, tu peux compter sur nous, ma belle !

Suzanne repart en cabine en contenant un rire nerveux. La porcelaine de la tasse à thé tremble sur le plateau et fait vibrer la petite cuillère. On sent la fatigue de la journée se mêler à la nervosité du moment. La séance d'essayage se prolonge tranquillement et Suzanne n'a toujours pas réussi à faire sortir la bête de son trou. On ne tient plus en place, partagés entre l'envie de rentrer chez nous et celle d'assister au spectacle. Nous attendons assises dans le bureau avec Tatiana pendant que Florent surveille les cabines. Soudain, nous entendons un souffle sourd, comme un étouffement. C'est Florent qui vient d'apercevoir la cliente habillée de la tête aux pieds en imprimé coquillages. Elle est sur le *floor* face aux miroirs, les mains sur les hanches et le torse bombé en avant, perchée sur des mules à talons compensés de dix centimètres. Suzanne a réussi son pari. Époustouflant. J'éclate de rire et Tatiana enchaîne immédiatement. Florent qui glousse comme une poule se réfugie dans le bureau. Impossible de nous arrêter, nous devons le rejoindre pour décompresser à notre tour. Suzanne a joué le jeu et déguisé la cliente à son insu. En plus de cet accoutrement ridicule, elle a réussi à lui coller un chapeau afin de compléter sa tenue destinée à un mariage. *The final touch**. La cliente ne se rend compte de rien, totalement absorbée par son image et, ce soir-là, Suzanne gagne son coffret « Napoléon III » Ladurée largement mérité !

---

* « La touche finale ».

⁂

— Montezzo Faubourg, Paloma, bonjour, pouis-je vou zaidé ?

— Bonjour, madame, j'ai essayé une robe dans votre boutique la semaine dernière et j'aimerais savoir si vous pouviez me la transférer dans un magasin près de chez moi, car j'habite dans le Sud.

— Oui, tout à fé, madame, cé possible. Quelle ville habitez-vous ?

— Monaco.

— Dans cé cas, le magazin le plus proche sera à Cannes.

— Mais… Vous n'avez pas de boutique à Monaco ?

— Ah non, madame, jé souis dézolée.

— Mais je suis sûre qu'il y a une boutique Montezzo sur Monaco, vous devez faire une erreur.

— Écoutez, madame, je travaille pour cét maison de louxe dopuis soufisament longtemps pour vous dire qu'il n'y a pas de magazin à Monaco.

— Pourtant… Il me semble y être déjà allée…

La cliente ne veut pas en démordre. Paloma, qui commence à perdre patience au téléphone, met fin à la conversation :

— Mais, madame, enfin, puisque jé vous dis que les seuls magazins dans le Soud sont Cannes et Monte-Carlo !

⁂

Finalement, je suis soulagée d'avoir déniché ce boulot qui me sort de ma précarité et je suis prête à faire mon métier de vendeuse comme si j'avais prêté serment. Je ne compte pas mes heures et me moque totalement de les récupérer. Mon parcours dans la publicité m'a plutôt rodée sur le sujet. La plupart des employés notent scrupuleusement leurs dépassements d'horaire, ne voulant rien offrir à cette société qui ne leur fait aucun cadeau. La seule chose qui compte pour moi, c'est d'avoir retrouvé du travail. J'entends le personnel se plaindre et je vois les responsables nous épier, mais finalement rien ne m'atteint. Tout glisse sur moi. C'est une période de ma vie où je repars à zéro. Je me rassure en me disant que ce n'est qu'une parenthèse. Et puis, j'aurais pu atterrir au sous-sol du BHV au rayon bricolage ! Enfermée dans le magasin, en transit vers une autre destination, j'espère surtout ne jamais rencontrer quelqu'un que je connais. Je prie pour que personne ne me voie ainsi, en soubrette dans mon uniforme. C'est ma seule hantise.

En remontant de ma pause, j'aperçois un client s'avancer avec sa femme. Son visage m'est familier. J'ai soudain le souffle coupé lorsque je reconnais un ancien collègue de la publicité : Levec. Hyperactif, il parle avec la bouche de travers. Je me souviens qu'il se déplaçait régulièrement sur son skate-board à travers l'agence. Toujours hyper cool, Levec. Je le dévisage. Il n'a pas beaucoup changé et ressemble à un adolescent attardé avec son blouson en cuir, son jean et ses mocassins pointus en cuir vernis. Sa coupe de cheveux légèrement en bataille et son look parfaitement négligé lui donnent des faux airs de rockstar. Toutes les deux secondes, il se passe la main dans ses mèches pour se donner une allure faussement cool et le tatouage qui se dévoile dans le creux de son cou est aussi artificiel qu'un décalcomanie sorti d'un Malabar.

Flash-back. Nous avons travaillé ensemble sur divers projets et fait plusieurs nocturnes à l'agence, entre deux parties de ping-pong. Quelques années ont passé et j'ai entendu parler de sa fulgurante ascension dans le monde de la pub. Il est aujourd'hui reconnu dans le milieu et je l'ai même aperçu à la télé, un soir. Lorsque je le vois arriver du haut de l'escalier principal, je crois me changer en flaque d'eau. Je deviens blême, ne sachant plus où me mettre, nulle dans mon tailleur couleur merde. Je feins d'avoir l'air décontractée lorsque son regard, caché derrière une paire de Ray-Ban, croise le mien. Pas de réaction. Sa femme vient faire son shopping du samedi après-midi. Étant la seule présente sur le *floor,* je suis obligée de les servir. Humiliation suprême. Je leur fais faire un tour du département tel un guide de musée puis les conduis vers les salons d'essayage. Pendant que sa femme est en cabine, Levec s'assoit tranquillement sur la banquette en velours, gardant ses lunettes de soleil. Je leur apporte deux cafés avec deux verres d'eau sur un plateau. Toujours aucun signe de reconnaissance. Je m'agite, feignant d'être à l'aise. Sans dire un mot, il patiente derrière ses verres fumés, les yeux rivés sur son BlackBerry. Une mouche vole. Je sais qu'il m'a reconnue, mais à aucun moment il ne me pose de question. Gêne ou plutôt désintérêt total… Je décide finalement d'engager la conversation pour détendre l'atmosphère.

– Bonjour, Alex, est-ce que tu te souviens de moi ?

– Ah, oui… Zalut, Sarlotte. C'est bien ça ? Mais quez-ce que tu fais issi ?

Je me souviens alors que, en plus de son physique difficile, il a un cheveu sur la langue.

– Je fais un remplacement, quelques semaines.

Mon nez s'allonge. Nous continuons à échanger des banalités, histoire de remplir le vide. Pendant quelques minutes, l'atmosphère devient plus décontractée, voire amicale.

– Nous, nous faisons toujours nos courses au Faubourg… Parce que, dans les grands magasins, c'est juste l'horreur… On nous traite comme des moins que rien ! Avec tout c'qu'on claque, faut pas déconner !

Peu après, sa femme termine ses essayages et sort de la cabine. Elle reste très discrète et ne participe pas à la conversation. Elle me donne sa sélection et je prépare les articles avec précaution avant de les raccompagner au rez-de-chaussée. Levec saisit cette occasion pour me la présenter et plaisante en me décrivant comme la reine du ping-pong, ne l'ayant à aucun moment laissé gagner une seule partie. Puis nous marchons ensemble dans le magasin jusqu'à la caisse principale. La rencontre touche à sa fin. Il me tend la main pour me saluer et je lui remets ses paquets tout en les accompagnant vers la sortie. C'est à ce moment-là que je sens un papier au creux de ma main. Je l'entrouvre et découvre qu'il s'agit d'un pourboire. Bref instant d'incompréhension et de confusion. Je fixe immobile ma paume, comme paralysée. Je reste clouée au sol, sans voix. Dix années ont passé et Levec est maintenant directeur associé. Les quelques souvenirs que nous avons évoqués et le semblant d'amitié réchauffée sonnaient faux. Rien n'a gommé sa prétention ni totalement effacé sa bêtise. Dix années ont passé et le jeune employé qui se déplaçait en skate-board d'un bout à l'autre de l'agence roule maintenant en Porsche Cayenne. L'unique ascendant que j'avais sur lui se résumait à quelques matchs de ping-pong mais, en un seul geste, il m'a remise à ma place. Pulvérisée, mais pas morte.

— Charlotte, vous pouvez me donner la définition de la technique de l'escargot ? me demande Mélany.

— Eh bien… C'est lorsqu'on suit un client dès son entrée en magasin…

— C'est imprécis. Tatiana, est-ce que vous savez ?

— C'est lorsque le vendeur accompagne le client « en spirale » du rez-de-chaussée au dernier étage, en suivant le mouvement d'une coquille d'escargot.

— Voiiiiilààààà, *that's it* !* Et on tourne, et on tourne…, s'exclame Mélany en mimant le geste avec son doigt.

Le maître de cérémonie prend place derrière son pupitre. Le message est clair, net et précis. « Rendez-vous le 12 juin à 9 h 15 », ordonne la note épinglée au mur dans la salle de repos. Superbe dans son uniforme prince-de-galles flambant neuf, Lorenzo se tient droit, prêt à

* « Voiiiiilààààà, c'est ça ! »

prendre la parole face à un auditoire silencieux. Une paire de mocassins vernis aux pieds et les cheveux gominés plaqués en arrière, il sent l'après-rasage un peu fort. Antonia, son assistante, s'est placée juste derrière lui, solennelle et immobile. C'est la grande réunion hebdomadaire des employés. Monsieur le directeur exige que tous ses vendeurs et leurs responsables soient ponctuels et leurs uniformes impeccables. Tout retard est sanctionné par une lettre de « recadrage ». Une fois que l'ensemble des disciples est arrivé, la réunion peut enfin commencer.

Lorenzo nous énumère les objectifs réalisés les mois derniers et ceux à atteindre le mois suivant. Ce n'est qu'une succession de nombres et de pourcentages, un chassé-croisé de tableaux comparatifs, d'analyses du milieu de la vente et de camemberts multicolores. Tout le jargon du métier y passe. Il faut atteindre la *target**, accroître son *cross selling***, augmenter son « panier moyen », déterminer son « indice de vente » et réaliser la mission du mois : être le vendeur numéro un. Soupirs. J'ai l'impression d'entendre le même discours chaque samedi. Finalement rien qui ne vaille la peine de nous faire lever plus tôt ce jour-là. Cependant, ce matin, il nous présente un nouveau projet qui visiblement l'excite beaucoup.

– Tu ne trouves pas qu'il ressemble de plus en plus à George Clooney ? murmure Tatiana.

– Avec un peu plus de cirage dans les cheveux..., répond Florent.

– Hola, hola, les zamis !! Vous allez bien ? demande Lorenzo, les bras grands ouverts.

---

* « L'objectif ».

** « Ventes cumulées sur les différents départements ».

Réaction un peu molle de la salle. Tous les vendeurs restent muets, encore endormis. Le réveil aux aurores du samedi matin est toujours une torture.

– Mais vous dormez ou quoi ? !! J'ai quelque chose à vous annoncer qui risque de vous intéresser. Alors, comme vous le savez tous, nous devons absolument réaliser nos objectifs pour la fin de l'année. « *Difficult but possible* » est le nouveau mot d'ordre de la maison et devra être à partir de maintenant notre devise à tous. OUI ! Nous pouvons y arriver, même si la conjoncture est difficile. Pour vous aider, j'ai pensé à un petit jeu qui devrait vous amuser. Nous l'avons mis au point ensemble avec Antonia depuis plusieurs semaines. Je vous en explique la règle, très simple : chaque vendeur aura un montant à atteindre suivant son département et devra en plus cumuler les ventes de certains articles dans une même transaction. Par exemple, l'équipe du prêt-à-porter femme devra réaliser 70 000 euros par vendeur ce mois-ci. Mais, en plus de ça, il faudra par exemple vendre à la même cliente une robe du soir, un cadre photo et un briquet.

Lorenzo sort une feuille de papier et gribouille un tableau, identique à une grille de morpion.

– Regardez, vous avez neuf cases. Les articles sur la ligne verticale sont des vêtements du prêt-à-porter femme. Ceux sur la ligne horizontale sont des accessoires. Il faut tout simplement réaliser une ligne de trois croix et vous avez gagné ! C'est aussi simple que de jouer au Puissance 4 !

– Mais vous ne pensez pas que la cliente qui va s'acheter une robe du soir aura plutôt besoin d'une paire d'escarpins et d'une pochette de soirée au lieu d'un cadre photo ? demande Tatiana en fronçant les sourcils.

– Eh bien, ces accessoires sont un peu en perte de vitesse et il faut les aider à repartir. C'est votre nouveau défi ce mois-ci ! Voilà pourquoi nous les avons sélectionnés.

– Mais c'est impossible ! bredouille Tatiana, totalement démotivée.

– Mais non, justement, souvenez-vous de notre devise : « *Difficult but possible !* » reprend Lorenzo d'une voix forte. Allez, répétez avec moi : « *Di-ffi-cult but po-ssi-ble !* »

– Et qu'est-ce qu'on gagne ? demande Florent.

– Aaah, enfin ! Je vois que certains sont intéressés !

L'assistance réagit mollement. Un calme plat règne. Malgré son enthousiasme, le directeur fait peine à voir tant il a du mal à motiver ses troupes. Il reprend son souffle et balaye lentement du regard son auditoire, à droite puis à gauche. Suspens. Roulement de tambours.

– Alors… Le premier lot seraaa… pour les aventuriers et amoureux de sensations fortes, un saut-à-l'é-laaas-tiiiique !!!!

Applaudissements de Lorenzo et regards surpris dans l'assistance. Il continue sur sa lancée, rouge d'excitation, le sourire triomphal.

– Le deuxième lot seraaaa… toujours pour les amateurs de sensations corporelles, une heure de massage dans un centre de beauté, et le troisième lot seraaa… une place de restaurant pour les fins gourmets !

Il se met à frapper dans ses mains, entraînant de timides applaudissements dans la salle.

– Mé pourkoi UNE seule place dé restaurant ? demande Paloma.

– Alors, je vais vous expliquer. Vous gagnerez un dîner que vous devrez partager avec une des personnes suivantes, que vous tirerez au sort. Il s'agit des employés de la boutique qui participent à leur façon à l'essor de Montezzo mais n'agissent pas directement sur le chiffre d'affaires de par leurs fonctions. Je fais allusion aux caissiers, agents de sécurité ou aux femmes de ménage. J'ai donc pensé à ne pas les exclure de ce jeu en leur faisant partager un des lots avec les gagnants. Il faudra donc choisir parmi ce beau monde.

– Non mais c'est une blague ? murmure Florent. Ça veut dire que si je gagne je risque d'aller dîner en tête à tête avec une des femmes de ménage ? ! À la rigueur, un dîner aux chandelles avec Mamadou et ses grandes mains noires, je veux bien… Mais trinquer avec un seau d'eau, plutôt me pendre !

Tatiana n'ajoute rien et croise mon regard puis celui de Palou. Un fou rire épidémique nous gagne doucement. Nous sommes tous les quatre en apnée, assis par terre sur la moquette, cachés derrière l'assistance. La réunion continue et Lorenzo reste concentré sur son ordre du jour. Puis, un rire nerveux commence à s'élever sans que nous puissions nous contenir. Un cas sans précédent.

– Respirez, inspirez fort, chuchote Suzanne, inquiète de nous voir démasqués.

Dix heures. Ouverture du temple du luxe. Le maître de cérémonie achève son discours et met fin à la réunion.

– Voilà, reprend Lorenzo, je vous ai tout dit, conclut-il. C'est un challenge qu'il faut relever ! Alors n'oubliez pas, allez, tous ensemble, répétez après moi : « *Di-ffi-cult but possi-ble ! Di-ffi-cult but po-ssi-ble ! Di-ffi-cult but po-ssi-ble !* »

La salle reprend en chœur avec ferveur le slogan magique en claquant dans ses mains. J'ai un peu l'impression de faire partie d'une secte.

Dénouement

Quelques semaines plus tard, Lorenzo nous annonce les heureux gagnants du concours. Florent remporte la première place. Il gagne une journée de soin dans un spa de son choix et coche le Suncity, exclusivement réservé aux hommes.

Les soldes

Ça y est. Ma période d'essai touche à sa fin et Mélany souhaite m'engager. J'ai passé le test haut la main et répondu aux attentes de la société. Comme lors de chaque embauche, Lorenzo tient à avoir un entretien avec la nouvelle recrue et me convoque dans son bureau. C'est un endroit discret, confiné au bout d'un couloir, qu'il partage avec Antonia. De là, il domine l'ensemble du magasin et, depuis les trois écrans de télésurveillance accrochés au mur face à lui, il peut suivre, dans leurs moindres détails, les faits et gestes des employés. Je suis donc conviée cet après-midi-là chez monsieur le directeur, mais me sens plutôt rassurée et décontractée. Confortablement installé dans son fauteuil, Lorenzo commence à me questionner sur mon CV. Il le survole très brièvement et ne s'y attarde pas. Visiblement, mon passé dans la publicité ne le tracasse pas plus que ça et il ne soupçonne pas un instant que ce boulot dans la vente est pour moi simplement alimentaire. À vrai dire, je redoutais qu'il m'interroge sur le sujet. Comment lui cacher que je fais ce travail aujourd'hui par nécessité et non par choix ? Difficile à avouer. Heureusement, il ne songe pas une seconde à aborder la question. Il veut juste s'assurer que je sais vendre n'importe quoi à n'importe qui, même si cette personne ne veut rien acheter. C'est sa seule priorité, son idée fixe, son toc. Il décide alors de me faire passer un test inattendu : le Quiz du vendeur.

– Je vais vous poser quelques questions, auxquelles il vous faudra répondre instantanément, sans réfléchir, du tac au tac.

J'acquiesce, dubitative.

– Vous êtes prête ?

– … Oui.

– Question 1 : une cliente entre dans la boutique et veut acheter un tailleur blanc, mais elle hésite avec un tailleur noir, lequel lui vendez-vous ?

– … Le blanc ?

– Et le tailleur noir ?

– Heuuu… Je lui propose aussi le noir ?

– Question 2 : une cliente entre en boutique et veut acheter un tailleur blanc, mais vous n'avez que du noir à lui proposer, que faites-vous ?

– Je fais une demande de transfert et lui fais venir le tailleur blanc.

– Mais encore ?

– …?

– Question 3 : une cliente entre en boutique et hésite entre un tailleur-pantalon et une robe de cocktail pour une soirée, que lui proposez-vous ?

– Ça dépend de son style…

J'ai tout simplement l'impression d'être dans un jeu télévisé dont le gros lot serait mon CDI. Après de multiples questions et autant de mauvaises réponses, il met fin au quiz. Visiblement, je l'exaspère. Il ne me communique pas les résultats, mais je sens qu'il est lui aussi un peu perdu. Il n'est pas arrivé à me cerner et ne comprend pas mes motivations. Résultat : je lui échappe.

– Je ne sais pas si vous vous foutez de ce boulot ou si vous êtes intimidée, me dit-il enfin.

Je ne réponds pas et me contente de lui lancer un vague sourire. Avoir l'air cruche est sans doute ma meilleure défense. Mais, ne me voyant pas réagir, Lorenzo préfère penser que je suis mal à l'aise avec un profil trop réservé, voire inexistant. Pour conclure l'entretien, il m'énumère mes défauts et m'explique ce qu'il cherche avant tout :

– J'ai besoin de personnalités, pas de potiches. Vous êtes une belle plante exotique, mais je recherche surtout des vendeurs qui accrochent la clientèle, pas du personnel de figuration, vous comprenez ?

Comme je reste toujours silencieuse, il se lance dans un long monologue.

– Pour moi, vous n'êtes pas à l'image de notre maison, vous n'en avez pas le profil. Vous n'êtes pas assez offensive, pas assez « agressive », votre sens du contact n'est pas assez développé. Je veux des vendeurs qui soient derrière chaque cliente, agrippés à elle comme une tique. Il ne faut pas avoir peur de les accoster, de leur parler et de créer un lien. La cliente doit se sentir dans vos mains comme la plus importante de toutes. Vous êtes leur miroir et c'est au travers de vos yeux qu'elles se regardent. Elles doivent être prises en main par l'expert du luxe que vous êtes et vous ne devez pas les décevoir. Vous devez faire force propositions et vous demander systématiquement : « Suis-je allée au bout de ma vente ? »

Le ton de sa voix monte petit à petit, mais je n'écoute plus grand-chose. Je reste impassible, trop déconcertée par la tournure que prend cet entretien, n'ayant à aucun moment soupçonné que j'allais au-devant d'un peloton d'exécution. Lorenzo continue à me déblatérer des poncifs et son visage devient de plus en plus crispé. Antonia, qui est assise en face de moi, s'est changée en statue de marbre. Je déconnecte et mon esprit est ailleurs. Je me demande seulement si mon CDI est remis en question et si je suis recalée. C'est mon unique préoccupation. Les propos de Lorenzo planent à présent au-delà de la pièce, par-delà les nuages. Ne sachant pas comment susciter une réaction de ma part et voyant que je ne l'écoute plus, il décide de terminer l'entretien et m'invite à quitter le bureau. Je me lève aussitôt, le salue et sors. Une heure est passée et je suis enfin libre. Larguée dans le magasin, je retourne dans mon département. Un peu sonnée et désorientée. Un Doliprane et un grand verre d'eau m'aident à finir la journée.

Je signe finalement mon CDI la semaine suivante, comme si cet entretien n'avait jamais eu lieu.

— Si j'achète une première paire de chaussures, la deuxième est gratuite ?

— Non, madame, vous vous êtes trompée d'enseigne. Ici, vous n'êtes pas chez Pizza Hut.

« Tout doit disparaître ». Ce samedi marque la première journée des soldes. La boutique va ouvrir exceptionnellement ses portes à neuf heures précises. Une haie d'honneur de vendeurs est prévue de chaque côté de l'escalier, comme pour la montée des marches au festival de Cannes. Cornemuses, tambours et trompettes... Attention ! L'orgie va commencer dans quelques instants. Plus que cinq minutes et les fidèles vont se bousculer pour arriver les premières au sommet de la pyramide. Une nuée de femmes électrisées par l'excitation, la hâte et la peur de manquer, va envahir le magasin, allant du département chaussures en passant par le prêt-à-porter, pour se déverser sur la joaillerie comme un essaim d'insectes. Des heures durant, elles vont s'agiter à la recherche de la bonne affaire : un sac en croco à 22 500 euros en promotion à - 30 %, une robe à 12 990 euros bradée à - 50 %, un pantalon à 1 800 euros soldé à - 50 %. Avis de tempête.

Les « rapaces », comme on les surnomme, ne sont pas les clientes habituelles. Ce sont celles qui ne peuvent pas acheter chez Montezzo le reste de l'année, mais qui économisent toute leur vie pour s'acheter à moitié prix un morceau de rêve ou un signe de reconnaissance. Le luxe est discriminatoire et ces femmes sont prêtes à tout pour faire partie de l'élite. Elles sont là, les yeux rivés sur les sacs et les chaussures, les mains tremblantes et les pupilles dilatées, creusant et piochant dans les bacs, parfois au péril de leur vie. Elles tentent de débusquer la perle rare et se jettent sur tout ce qu'elles trouvent. Elles savent que, en achetant le sac qu'elles arborent comme un bouclier, les escarpins plates-formes qui les propulsent sur un piédestal ou la robe qui les métamorphose en princesse, elles vont pénétrer dans le cercle très fermé des *happy few*. Elles ne viennent pas acheter un article de mode mais un emblème, grâce auquel elles espèrent susciter la considération de leur entourage. Elles affichent leur supériorité, nous éblouissent de leurs artifices et scellent ainsi leur appartenance à la classe ultime.

Le premier jour des soldes est le pire. Il y a une affluence monstre et l'on n'a droit qu'à trente minutes pour déjeuner sur place, parqués dans le sous-sol du magasin. Au menu : un sandwich mixte, une boisson et un yaourt Leader Price, le tout gracieusement offert par la maison. La cacophonie qui règne dans l'ensemble du magasin frôle la « foire à tout ». Des clientes, agglutinées sur les banquettes du département chaussures, essayent désespérément d'enfiler au chausse-pied des modèles beaucoup trop petits pour elles.

– Mademoiselle, 39, vous avez ?

– ... Non.

– Et 40 ?

– ... Non plus.

– Et 41 ?

Treize heures. Je vais m'enfermer dans les toilettes du quatrième étage à côté de l'atelier de retouche. Les couturières sont parties déjeuner et je dispose du petit coin pour moi toute seule. La voie est libre. Une fois la porte fermée à double tour, je rabats la lunette de la cuvette et m'assois dessus pour me reposer. Je délasse alors mes jambes et détends mes pieds en enlevant mes chaussures, puis j'appuie ma tête et mes épaules contre le mur avant de fermer les yeux. Dormir rien qu'un instant pour recharger mes batteries. En quelques secondes, je m'enfonce dans une torpeur comme on tombe sous hypnose... Je ne sais pas comment je parviens à me hisser hors de mon sommeil et à refaire surface. C'est sûrement ma conscience qui guette l'heure et me réveille *in extremis* au bout de quelques minutes. Ma fatigue est telle que je pourrais faire le tour du cadran, mais je ne dépasse jamais les quinze minutes, au-delà desquelles je serais repérée par le reste de l'équipe. Je me relève un brin cotonneuse et remets mes chaussures, ni vu ni connu. Seule Tatiana connaît ma cachette et me préviendrait en cas de danger. J'ai toujours l'oreille tendue vers la sonnerie du téléphone. Mais personne n'est à ma recherche. RAS. Cette micro-sieste quotidienne devient de plus en plus nécessaire à mon équilibre. Sans elle, je suis au bord de l'épuisement. En redescendant, j'entends s'élever le brouhaha de la foule en délire. Aussitôt de retour sur le *floor*, un troupeau de bonnes femmes en transe me saute dessus.

– Mademoiselle, vous êtes libre ?

– Vous êtes du magasin, mademoiselle ?

Elles essayent tout dans un mouvement de précipitation au beau milieu des couloirs. Les cabines d'essayage sont pleines à craquer et les clientes les partagent parfois à deux ou à trois. Esprit de coalition. Les plus disciplinées font la queue, les bras chargés de vêtements, guettant l'ouverture des portes de la cabine comme l'entrée d'une boîte de nuit. Elles trépignent et jettent un coup d'œil à leur montre, pressées par le *timing* serré de ce marathon. L'amas de vêtements qui jonche le sol, le château de cartes de boîtes à chaussures et les boules de pulls entassées sur les étagères ne laissent pas de place au doute : nous sommes bien sur un champ de bataille. Je sers plusieurs clientes à la fois et me noie dans les commandes, perdue dans mon élan et la cohue générale. Certaines n'ont pas encore fait leur choix et se déplacent dans le magasin avec des rangées de sacs suspendus à leurs bras. Elles s'agrippent à leur butin comme à un trésor de guerre et donnent des coups de coude pour se frayer un passage. Elles rôdent tout en épiant discrètement leurs voisines. Puis elles reposent un sac sur une étagère et en choisissent un autre. Moments de réflexion et d'hésitation. Une tentative de rapprochement avec une « rivale » leur permet parfois de négocier un modèle en échange d'un autre. L'économie de troc se met alors en place. Une pratique habituelle en temps de guerre.

— Est-ce que vous avez fait votre choix, monsieur ?

— Oui, je vais prendre la ceinture en cuir beige.

— Très bien, monsieur, je vous la prépare.

— Pourriez-vous me livrer à l'hôtel Crillon, chambre 202 ?

— Je suis désolée, monsieur, mais nous ne faisons pas de livraison pendant les soldes.

— Ah ? Et même si je vous paye un verre ?

Mme Schmitt, une habituée chez Montezzo, arrive sur le *floor* en fin d'après-midi. Petite femme entièrement refaite, elle a le regard d'un poisson mort et la bouche plastifiée, commune à toutes les femmes gourmandes de collagène. Ses lèvres de carpe, gonflées comme deux boudins, sont recouvertes d'un gloss rouge cerise. On dirait toujours qu'elle vient de sucer une glace. Le reste de son visage tiré à l'extrême et luisant de crème suinte.

Sa *french manucure,* son jean, sa paire de santiags en python et son portable recouvert de brillants à la main lui donnent des airs de *rodeo girl.* Native de Dallas, Mme Schmitt cherche des robes de cocktail pour les innombrables soirées qu'elle organise avec son mari, chirurgien esthétique réputé de cet univers impitoyable.

Je lui présente la collection comme à une cliente VIP avant de lui faire une sélection sur demande. Elle est peu aimable et prend un air exaspéré lorsque j'ose lui proposer un modèle qui ne lui convient pas. Elle le balaye d'un revers de la main et lève les yeux au ciel en soufflant bruyamment. Je reste calme et polie. Après avoir fait le tour des portants, je l'escorte enfin jusqu'aux cabines d'essayage. C'est à ce moment-là que commence l'interminable ballet dont je suis l'unique spectatrice. Premier rang, corbeille face. Elle essaye les robes les unes après les autres, prenant soin de laisser la porte de la cabine grande ouverte, afin que je puisse en admirer les coulisses. Je peux ainsi voir sa lingerie fine et surtout sa superbe poitrine : deux flotteurs flambant neufs, la dernière création de son mari. Elle enfile une robe rose en satin dos nu, puis la même en noir, puis à nouveau la rose et encore la noire pour finir avec la rose. Rose ou noire, là est la question. Elle réessaye la rose, puis à nouveau la noire, encore et encore, selon une chorégraphie monotone et répétitive. C'est maladif. Mais le principal problème a trait au choix de la taille, car elle tient absolument à entrer dans un 38. Incapable de se résigner à enfiler un modèle plus grand, elle attend mon approbation en se dandinant devant la glace, ce qui met ma patience à rude épreuve.

– Vous la trouvez comment, mademoiselle, la robe sur moi ?

– Elle vous va très bien, madame Schmitt.

— …

Elle se tord à nouveau devant le miroir et se passe les mains sur les hanches comme on étale du gel amincissant. Il faut alors redoubler d'arguments et la flatter afin de la persuader que cette tenue convient à son âge, en dépit de son numéro de contorsion. Son ego semble alors rassuré, mais elle hésite toujours, vraiment trop serrée. Un supplice. Elle reprend ses essayages et Olga, notre nouveau page, se faufile en silence derrière moi comme une petite souris, rangeant les robes l'une après l'autre. Entracte. Une heure est passée. Je remonte le premier escalier qui mène à la réserve, avance au bout du couloir et compose le code. Je passe la porte, prends l'escalier de l'immeuble, croise les voisins du quatrième étage et active mon passe pour ouvrir la deuxième porte. Enfin je traverse le couloir qui longe l'atelier de retouche et active à nouveau le passe pour entrer dans la réserve. Maudite réserve. Située à l'extrême opposé du département où je me traîne de fatigue à chaque vente. Après plusieurs allées et venues, Mme Schmitt me suggère d'aller lui chercher un autre 38 afin de vérifier que les tailles sont identiques d'un modèle à l'autre. J'exécute ses ordres et remonte pour la énième fois au stock. C'est là que me vient une idée lumineuse mais risquée. Voulant à tout prix m'en débarrasser, je prends la décision de découdre une étiquette d'une robe en 38 et de la recoudre sur une taille 40. Une aiguille, du fil, et le tour est joué. Parfait, on ne soupçonne rien. En redescendant les escaliers, je m'invente une histoire au cas où la supercherie serait découverte. J'ai toujours la possibilité de parler d'un éventuel défaut de production. Nerveuse, j'avance lentement, avec appréhension. Les bras tendus en avant, je lui présente la robe comme une relique. Elle me prend le vêtement des mains puis referme la porte de la cabine. Bientôt, la porte s'ouvre à nouveau et je vois des étincelles illuminer son regard d'ordinaire vitreux. Le miracle tant attendu est arrivé.

– Vous voyez bien, ce 38 tombe mieux sur moi que l'autre… Elle me va par-fai-te-ment !

Elle me lance un immense sourire et carnassier. Debout face au miroir, les mains toujours sur les hanches, elle s'admire lentement, pivotant à gauche puis à droite sans ajouter un mot. Elle se fixe de profil, le regard en coin comme un dindon. Puis, la bouche semi-ouverte, elle se lèche goulûment la lèvre supérieure, mise en appétit par ce qu'elle contemple. Elle referme la porte de la cabine. Soulagement ! Fin de la représentation.

La beauté de Lorenzo et son charme ravageur prêtent à confusion. Plusieurs clientes qui n'ont pas su déceler la « face cachée » de son personnage viennent régulièrement à la boutique, espérant le conquérir un jour. Son sens de l'humour associé à son style Brummell fait pâlir toutes les clientes, et Mme Lebrin, qui fait partie de ces quelques admiratrices, insiste souvent pour avoir de ses nouvelles.

— Ah, j'oubliais… Comment va ce cher Lorenzo ?

— Très bien, madame Lebrin. Il est en pleine forme.

— Ah, tant mieux ! Vous avez vraiment un directeur sympathique, vous savez, et en plus très bel homme !

— Oui, c'est vrai, il est sympa…

— Et très séduisant, ce qui ne gâche rien…

— Ah oui, il est à l'image de la maison !

Je reste évasive sur le sujet devant la lourdeur de ses allusions, mais elle insiste à nouveau et continue à m'interroger, cette fois de façon directe :

— Mais dites-moi, entre nous… Il est célibataire ?

— Heu, oui je pense…

— AAAH, JE M'EN DOUTAIS !!! s'écrie-elle. Croyez-moi, elle n'est pas encore née celle qui va réussir à l'épingler !

— …

Cette période de soldes attire des spécimens en tout genre et j'écope des cas particuliers. Peu d'hommes s'aventurent seuls dans le département et, lorsqu'ils s'y risquent, c'est souvent pour offrir une tenue à leur épouse, leur maîtresse ou une *escort girl.* Mais nous avons aussi un ou deux hommes attifés en femme qui nous rendent régulièrement visite. Camille en fait partie.

– Bonjour, vous êtes libre ? demande une voix au timbre chaud.

Lorsque je me retourne, je me trouve nez à nez avec cette « sommité » de la mode parisienne. Un choc. Coiffé d'une coupe au carré identique à celle d'un Playmobil, Camille porte un rouge à lèvres discret, rehaussé par une petite paire d'escarpins vernis rouges à la boucle argentée signés Roger Vivier. Gainé dans une minijupe noire mettant en valeur sa silhouette élancée, il porte un tee-shirt qui se dérobe sur l'une de ses épaules où s'affiche ce message en lettres capitales : « Karl who ? » Cependant, malgré ses jambes longilignes et son physique de première dame, sa voix grave et sa pilosité grimpante le trahissent. Faisant comme si de rien n'était, je l'accueille naturellement d'un « Bonjour » suivi d'un sourire comme pour toutes les autres clientes. J'évite simplement de rajouter la mention « madame ». Feignant d'avoir affaire à une cliente ordinaire, je le sers avant tout par curiosité. Il est passé plusieurs fois en boutique, mais n'a jamais rien acheté au prêt-à-porter. Très méticuleux et maniéré, il se targue d'être bloggeur de mode et prétend toujours qu'il y a un détail qui ne lui plaît pas dans la collection. Camille a un œil critique et est difficile à satisfaire. Personnage original et excentrique, il ne manque jamais d'attirer l'attention chaque fois qu'il apparaît sur le *floor*.

J'essaye de rester zen malgré les ricanements que j'entends derrière moi. Les vendeurs chuchotent sur son passage. En plus d'être source de distraction, sa présence est controversée. Considéré comme « une cliente » lambda avec un éventuel potentiel d'achat, nous ne pouvons refuser de le servir, ce qui rend malade Mélany. Elle a toujours peur qu'une de nos habituées ne se retrouve face à lui dans les cabines d'essayage et ne pousse un cri d'horreur. Le problème est double, puisque nous ne pouvons pas non plus l'emmener au prêt-à-porter homme pour lui faire essayer des robes. Le choc serait le même. Nous sommes donc dans une impasse.

– *Hurry up* !* nous presse Mélany. Je ne veux pas que cette créature fasse fuir nos clientes !

* « Dépêchez-vous. »

Mais il est difficile d'accélérer la cadence, car Camille est féru de robes du soir et aime tout essayer avant de se décider. La robe dos nu, la robe cache-cœur, la robe fourreau, la robe bustier… Un mystère règne autour de cet individu à la frontière du ridicule et de la compassion. Après plusieurs visites, je me demande néanmoins si cela est vraiment sérieux et si Camille a les moyens de s'acheter du Montezzo. Maniaque et de plus en plus difficile, il commence à me faire perdre patience. J'additionne les allers-retours à la réserve depuis une demi-heure sans qu'il y ait eu aucune avancée dans le choix de ses tenues. Bientôt, je ralentis le pas et prétexte la rupture de stock sur certaines pièces. J'essaye de le bousculer un peu pour l'obliger à se décider. Je finis par faire semblant de sortir du salon d'essayage pour aller lui chercher une nouvelle robe, cette fois sans monter à la réserve. Cachée dans un couloir, j'attends quelques instants. Quand soudain je vois des éclairs s'échapper de la cabine. Ne comprenant pas tout de suite ce qui se passe, je me dirige discrètement vers Paloma :

– Palou, tu as vu ces flashes qui sortent de la cabine ?

– Non mé jé rêve !!! me dit-elle, effarée. Mé poutain il est en train dé faire dé photos !

– Des photos ?

– Mé oui, poutain, il se fout d'ta gueule !

J'ai à peine le temps de réaliser que Paloma est déjà partie à pas de géant, hystérique et verte de rage. Redoutant le pire, je cours derrière elle. Sans prévenir, elle enfonce la porte de la cabine. Le courant d'air fait voler l'impeccable coupe au carré de Camille qui sursaute et nous jette un regard inquiet. Coupable ?

– Bah, faut pas s'gêner ! gronde Paloma. Vous vous croyez où ? Vous savez qu'c'é interdit d'faire dé fotos… ? Vous voulez qu'j'aille chercher le directeur d'la boutik ? !!

D'un signe discret, je demande à Paloma de baisser d'un ton, mais elle continue d'invectiver Camille. Ses dents du bonheur se font menaçantes. Muet, le malheureux reste pétrifié, serré dans son fourreau lamé or à paillettes. Effrayé par la carrure de Paloma, il ne bronche pas tandis qu'elle s'égosille au risque de lui postillonner dessus. Camille se sait piégé : il tient encore l'arme du crime dans ses mains. Il a eu le temps de se photographier sous toutes les coutures chaque fois que je suis montée au stock. Il a profité de ma naïveté et de ma patience pour se concocter un petit album souvenir, et immortaliser ce moment unique : porter une robe du soir signé Montezzo.

Nous l'avons finalement fait sortir discrètement par l'ascenseur qui donne directement sur le Faubourg. Inutile de l'humilier en public en lui faisant traverser tout le magasin. Nous ne l'avons jamais revu chez Montezzo, mais son nom se chuchote encore dans les couloirs. Je regrette juste de ne plus me souvenir de l'adresse de son blog.

— Je peux vous proposer, madame, le sac Amalfi qui est soldé à cinquante pour cent.

— Ah, non merci ! Je vois suffisamment de Noirs dans le métro porter des accessoires Montezzo !

Mon objectif est de me constituer une clientèle fidèle et développer mon chiffre d'affaires sur lequel repose la légitimité de mon CDI. Je dois faire mes preuves et m'occuper de toutes les clientes sans faire la difficile. Les « clientes-fleuves », c'est-à-dire celles qui passent plus de temps à vous raconter leur vie qu'à acheter, sont considérées comme les « boulets » du Faubourg. Personne ne veut s'en occuper. Elles flânent dans le département, à la recherche d'un vendeur bien caché, espérant attirer son attention afin d'engager la conversation. Je me lance. J'inspire à fond, affiche mon plus beau sourire et marche d'un pas déterminé à leur rencontre. M'armant d'une patience infinie, j'aborde ces femmes comme on parcourt un jeu de l'oie, avec les différentes étapes à franchir. Parfois je piétine et ne parviens pas à leur trouver une tenue. Je déballe la réserve pour rien et la cliente repart les mains vides. Retour à la case départ. Mais il arrive que la partie se termine avec un petit achat que j'ajoute à ma liste du jour, essayant péniblement d'atteindre mon chiffre, face à une équipe toujours plus performante. Mes résultats sont ridicules, au regard des ventes que génèrent Florent, Palou ou Tatiana. Les clientes russes dont celle-ci s'occupe achètent en quelques minutes pour 20 000 euros de vêtements, se glissant dans des tailles 36 comme dans du beurre. Elles sont toujours accompagnées d'hommes décrépis coiffés d'une coupe de cheveux ringarde. Ils ressemblent à de vieux malfrats et ne leur servent qu'à régler la note en *cash*. Quant à moi, mon sens développé de la dérision et mon aptitude à me fondre dans le quotidien trépidant de mes « clientes-fleuves » m'aident au fil des mois à garder le cap et à cumuler les ventes.

— Vous ne de-vi-ne-rez ja-mais avec qui je me suis trouvé nez à nez au Suncity l'autre jour…, dit Florent.

— Qui ça ???

— Monsieur Miller en personne, notre cher directeur Europe !

— Quoi !! … Le mari de madame Miller ?

— Eh oui… Exactement !

— Mais… Tu lui as dit bonjour ?

— Eh bien, je n'ai pas vraiment eu le temps… Lorsque je me suis approché de lui pour le saluer, il a littéralement changé de couleur. Figurez-vous qu'il était nu comme un ver… avec juste une virgule entre les jambes ! Le pauvre…

Samedi soir. Chris et moi sommes souvent invitées à dîner. Chacun de nos amis cuisine à tour de rôle et invite une flopée de copains, si bien que nous sommes parfois jusqu'à vingt personnes autour de la table. Ce sont des soirées très animées qui s'étirent tard dans la nuit. L'ambiance est toujours décontractée, mais j'appréhende néanmoins qu'on me pose l'ultime question :

– Et toi, tu fais quoi dans la vie ?

Avant de répondre, j'explique longuement mon parcours dans la publicité, les tics du milieu, les nuits blanches et mon ras-le-bol général avant de me justifier par rapport à ma nouvelle « orientation » professionnelle. Mais celle-ci s'avère être sans grand intérêt si j'en crois le regard absent que me jette le plus souvent mon interlocuteur.

Pourtant mon parcours professionnel avait plutôt bien commencé. Je récapitule. J'ai passé mon bac littéraire puis intégré une école de communication visuelle à Paris où j'ai obtenu mon diplôme avec mention. Jusqu'ici tout allait bien. Je voulais devenir graphiste. Une fois mon diplôme en poche et mes études terminées, je me suis envolée pour New York où j'ai intégré immédiatement une agence de publicité, Amirrati & Puris, située sur la 5e Avenue, à quelques pas de Washington Square. Je n'aurais pas rêvé mieux. J'y ai fait un stage de six mois, puis, grâce au *listing* des agences new-yorkaises, j'ai trouvé un studio d'arts graphiques, situé sur Union Square, qui embauchait. Après m'avoir accordé un rendez-vous et survolé mon book du haut du trente-neuvième étage, le directeur m'a proposé une place dans son agence et, par la même occasion, de m'obtenir les papiers pour un visa de travail aux États-Unis. Bingo. J'ai vécu trois ans à New York.

Trois ans de pur bonheur. J'en parle encore comme si c'était hier. Lire le *Village Voice* et chercher un appartement à partager, tout en sirotant un café frappé chez Dean & Deluca. Trouver finalement un *sublet uptown* sur la 79e Rue et York Avenue, à quelques pas du Metropolitan Museum et de Central Park, ma bulle d'oxygène. Central Park et ses *Summer Stage* tout l'été, avec ses programmes de concerts en plein air et ses pique-niques improvisés. Central Park et son immense piste cyclable. Central Park et ses danseurs sur rollers. Une boum en plein air où je passais tous mes week-ends. Quelques baffles posées çà et là, un son à vous faire perdre la tête, une ambiance électrique, une chaleur frôlant les trente-cinq degrés, et toute la faune new-yorkaise grisée par les décibels, venue là pour se détendre, se mélanger et danser, danser, jusqu'à la nuit tombée, sur des rollers ! Chorégraphies en tenues fluo, Noirs, Blancs, vieux, jeunes, tous les « Manhattaniens » y étaient réunis. Tout ce que j'avais rêvé de cette ville pendant mon adolescence se trouvait là, sous mes yeux. Pour de vrai. Il y avait aussi le magasin de vintage, Screaming Mimi's, que j'adorais, le marché bio de Union Square, le Lucky Strike Café où je retrouvais mes amis, le River Café pour partager un brunch, le concert de Jeff Buckley au Fez, le *diner* du coin de la rue ouvert vingt-quatre heures sur vingt-quatre pour savourer des pancakes et des *scramble eggs,* les sirènes lancinantes des voitures de police, Domino's Pizza pour se goinfrer à budget réduit, la rétrospective de Richard Avedon au Withney Museum, the City Bakery pour ses tartes aux fruits, l'Orpheum Theater où passait *Stomp,* l'irremplaçable Flatiron Building et le sublime Chrysler Building, le marché aux puces, Soho que j'adorais, The Earth Room… Tant et tant de choses dont je pourrais parler des heures durant.

Trois années magiques ont passé mais l'éloignement a commencé à me peser et j'ai décidé de faire mes valises. Je suis rentrée à Paris. Atterrissage en douceur. Fini le graphisme, bonjour la publicité. J'avais envie de démarrer quelque chose de nouveau et je suis entrée dans une agence de pub qui venait juste d'ouvrir à Paris. C'était l'endroit où il fallait être, LA nouvelle agence super-branchée-hypercool, totalement conçue en *open space* avec des directeurs artistiques comme Levec qui se déplacait en skate-board et jouait au ping-pong. J'ai tenu huit mois. Ensuite j'ai trouvé une petite agence internationale qui recherchait des personnes ayant mon profil, venues de Montréal, d'Athènes ou de New York, et j'y suis restée sept ans.

Ma mère m'a demandé hier au téléphone si la publicité ne me manquait pas et je lui ai répondu que non. Pourtant, il m'arrive d'y penser comme d'une époque où j'étais fière de moi, d'un temps où mon métier reflétait ma personnalité et où je n'étais pas gênée de dire ce que je faisais. Je n'avais pas à me justifier par rapport à ma situation chaque fois que l'on me posait la question. Seulement, aujourd'hui, j'ai juste peur de rester coincée là, au deuxième étage de chez Montezzo, et de ne pas pouvoir en sortir. Alors, à chaque dîner, j'évite le sujet. Je me trouve nulle. Pourtant, parfois, pendant un court moment, c'est la minute de grâce. J'arrive à contourner le problème et à capter l'attention de mes invités. Mon auditoire se tait et m'écoute attentivement. Je prends mon élan et… commence à raconter une histoire. Il suffit d'une anecdote, d'une situation incongrue pour qu'un convive tende l'oreille. Petit à petit, mot après mot, la table entière est suspendue à mes lèvres. Le silence se fait autour de moi, l'attention est à son comble. J'ai la bouche sèche et l'esprit concentré. Il faut surprendre mes auditeurs, les étonner, leur dévoiler l'envers du décor. Leur faire comprendre que je ne suis pas une pièce rapportée, une erreur de casting dans cette brochette de *winners*. J'effectue une performance, une sorte de « *happening* dînatoire ». J'observe certains visages dont les sourcils expriment l'étonnement. D'autres ont la bouche légèrement entrouverte, absorbés par mes paroles. Ma victoire est proche. Les couverts sont posés et le dîner refroidit. Toute l'attention se focalise sur mon récit. Personne ne veut en perdre une miette.

– Et alors, comment ça s'est terminé ? me demande un invité.

– Je n'ai jamais revu la secrétaire d'État. Nous avons remis en réserve sa sélection de vêtements : il y en avait environ pour 35 000 euros… Comme elle faisait partie du gouvernement, elle pensait qu'elle pouvait choisir tout ce qui lui plaisait dans le magasin sans passer par la caisse. Mais Montezzo n'a pas cédé, et l'assistante personnelle a téléphoné deux jours plus tard pour annuler toute la commande.

— Bonjour, mademoiselle, est-ce que Charlotte est là ? me demandent deux clientes.

— Oui, mesdames, c'est moi-même.

— Aaaah, c'est vous ? ! Enfin nous faisons votre connaissance ! On ne s'est jamais rencontrées, mais permettez-nous de nous présenter. Nous venons de la part de madame Schmitt. C'est elle qui nous a donné votre carte de visite. Nous avons fait le voyage spécialement pour venir vous voir ! Elle nous a dit que vous étiez ab-so-lu-ment géniale ! Il paraît que vous faites des miracles…

La cérémonie

Assise sur la méridienne en velours grège, Mme Rivière m'attend en sirotant un Coca frais que Florent lui a servi sur un plateau. Parmi les clientes qui se succèdent dans le magasin, chacun d'entre nous a ses habituées. Malgré mon expérience, j'écope toujours des fameuses « clientes-fleuves » auxquelles je me dévoue corps et âme. Mme Rivière est la propriétaire d'un salon de coiffure à Cannes. Petite et brune, la quarantaine, elle illustre la parfaite bourgeoise de province. Elle vient en général pour acheter quelques babioles, mais surtout pour m'inonder du récit des différents épisodes de sa vie. Cette semaine, elle est en transit à Paris avant de partir en vacances à Dubaï. Elle porte son petit Kelly en croco et sa veste en renard blanc. Très midinette et snob, elle commence à engager la conversation sur sa prochaine destination sans que je lui aie rien demandé.

– Nous avons réservé un magnifique hôtel, sept étoiles, à Dubaï avec mon mari.

– Sept étoiles… Je ne savais pas que ça existait…

– Oui, oui, sept étoiles. Là-bas, l'hôtellerie est incroyable et le service est ex-cep-tion-nel !

– Mais… c'est beau Dubaï ?

– Nooooon pas particulièrement, mais, vous savez, avec mon mari, on a tout fait, les Seychelles, les Maldives, Saint-Barth… Au moins dix fois !… Et franchement, à Dubaï, c'est le meilleur service que vous trouverez ! Remarquez, à 17 000 euros la semaine, c'est un peu normal !

– ...

Je l'écoute, silencieuse. Elle continue son monologue.

– ... À propos, en parlant de service, vous savez quoi ? Je sors tout juste de chez Hermès où j'ai commandé un sac, il y a un an. Il vient d'arriver aujourd'hui et figurez-vous qu'il va me coûter 22 000 euros ! 1 000 euros de plus qu'au moment de la commande ! C'est incroyable, non ?

Je la regarde avec de grands yeux ronds, feignant l'intérêt et l'étonnement.

– Je leur ai dit que je trouvais cela inadmissible ! Non mais vous vous rendez compte, 22 000 euros pour un sac ! Vous vous rendez compte ?

En effet, je me rends compte que cela représente mon salaire annuel. Elle poursuit sur sa lancée.

– Vous savez, chez Hermès, personne n'a rien voulu entendre. D'ailleurs on m'a bien fait comprendre que, si je ne l'achetais pas, il y avait une liste d'attente ! Non mais quand même, 22 000 euros pour un sac, vous vous rendez compte !

Je m'efforce de garder un air concerné par les déboires de Mme Rivière. À cinq ou six reprises, elle me rappelle le prix de son sac et celui que représente sa semaine de vacances à Dubaï. Elle semble sincère et vraiment tracassée par le prix de son nouveau jouet qui, à l'entendre, va lui coûter un œil. Elle hésite vraiment. Il est vrai que, pour ranger un portable, une crème anti-rides et ses clefs, cela mérite réflexion...

Le lendemain, j'aperçois Mme Rivière au bout du couloir, l'air fier. Affichant un immense sourire, elle s'avance droit vers moi et me met sous le nez l'objet tant convoité : un Birkin blanc, l'accessoire indispensable pour l'accompagner durant sa semaine à 17 000 euros dans les palaces de Dubaï.

Le magasin de la rue du Faubourg-Saint-Honoré doit constamment se battre pour conserver sa première place. Son plus grand rival – et donc celui de Mélany –, c'est la deuxième enseigne de Paris, celle de l'avenue Montaigne. Lorsqu'elle prend son jour de congé, son sens de la discipline et du travail ne faiblit pas, comme l'attestent les petites notes qu'elle prend soin de nous glisser dans l'agenda. Ses messages précis et sans détour doivent être exécutés au pied de la lettre :

Travailleurs, Travailleuses,
1. Salle d'emballage à ranger, un porc n'y retrouverait pas ses frères !
2. Nouvelle livraison à remonter au stock illico !!
3. Réassort à faire au troisième.
4. Chiffre d'affaires = argent ! Alors remuez-vous !
*Never put off till tomorrow what can be done today** !
À demain,
Mélany.

* « Ne remettez pas à demain ce qui peut être fait le jour même. »

Ce matin, Antonia nous apporte avec entrain les plannings du mois suivant et distribue à chacun les convocations aux cessions de formation. Ouf. Je vais enfin pouvoir m'échapper du magasin pendant trois jours. Trois jours sans avoir à pointer. Trois jours sans uniforme. Trois jours, loin du tourbillon des ventes !

J'arrive le lendemain au siège social, à deux pas de l'avenue Montaigne. Une ambiance d'examen blanc règne dans la salle de réunions : grand écran, rétroprojecteur, chaises alignées à la perfection et petits bloc-notes couleur or siglés MM posés sur la table. Différents vendeurs venus des quatre coins de Paris et des responsables de département ont été convoqués pour suivre cette formation intitulée « *The Montezzo Selling Guide* ». Les employés s'installent silencieusement à leur place, et certains sortent avec précaution de leur sac barres de céréales et boisson énergisante pour garder un esprit vif et une concentration optimale. La fabuleuse histoire de Montezzo va nous être contée. Un homme élégant se présente avec son assistante.

*– Hi, everybody, my name is John and this is Liza. We are proud to present**…

Après son *speech* d'introduction, il nous demande de faire un tour de table afin de nous présenter. J'ai l'impression d'être à une réunion de groupe des Vendeurs Anonymes où chaque personne est là pour se confesser.

*– Hi, my name is Charlotte. I'm working rue du Faubourg-Saint-Honoré***…

---

* « Bonjour, tout le monde, je suis John et voici Liza. Nous avons le plaisir de… »

** « Bonjour, mon nom est Charlotte. Je travaille rue du Faubourg-Saint-Honoré… »

– *Welcome, Charlotte** ! répondent en chœur John et Liza.

John et Liza sont deux Américains à la dentition *ultra bright* qui parlent avec un accent à mâcher du chewing-gum. Le but de cette formation est de faire de nous des experts de la vente et des ambassadeurs de la marque. John nous énonce le plan et les chapitres qu'il va développer puis se jette rapidement dans le vif du sujet. *Play*. Le DVD se met en marche. Le film démarre sur l'origine de Montezzo, son fondateur, sa *success story*, son organisation, sa place au sein du groupe WLG et les chiffres de l'année passée.

– Ainsi, comme disait Paolo Montezzo en 1912 : « Nous offrons de la magie là où il n'y en a pas », conclut-il.

Nous devons donc insuffler du rêve aux clients lors de leur passage en magasin et attiser leur désir. S'ouvre ensuite le chapitre concernant les accessoires. Projection. Les modèles sont passés au peigne fin et décortiqués. Un annuaire de connaissances à mémoriser. Mon disque dur sature déjà.

– *This season will start with the launch of the new Montezzo bag. Created in 1950, this bag is the iconic piece of the house. Liz Taylor and many Hollywood stars had one** !*

Nous sommes plongés dans le noir et mes paupières s'alourdissent déjà au rythme du diaporama. Le flot d'informations s'accumule et ma concentration diminue. Pause. Un répit est donné aux fumeurs et aux accros au

---

* « Bienvenue, Charlotte ! »

** « Cette saison va commencer par le lancement du nouveau sac Montezzo. Créé en 1950, ce sac est une des pièces phares de la maison. Liz Taylor et plusieurs stars hollywoodiennes en ont eu un ! »

café. Consultation de ma messagerie et échange de textos avec Chris.

– J'ai deux invit pour le vernissage de Robert Montgomery à la galerie Nuke samedi soir, ça te dit ?

– Cool ! Ensuite on pourra faire un tour au Baron. Bon, je file, j'entre en audience.

Retour dans la salle d'entraînement. Quatre heures se succèdent où sont décrites les inspirations de la collection, les prix et autres détails. Neuf familles de produits sont passées au crible. Ma mémoire vive s'amenuise. J'ai la tête pleine lorsque l'heure du déjeuner sonne enfin. J'opte pour des sucres lents. Menu du jour : penne aux asperges vertes, tiramisu et café.

L'après-midi s'annonce plutôt ludique puisqu'il est dédié au *body language**, ou comment se tenir face à un client. Les gestes à appliquer et ceux à éviter. Chaque pose *right* s'oppose à la pose *wrong*, barrée d'une grande croix rouge à l'écran. Ainsi, je note que, pour présenter une paire d'escarpins, il faut poser un genou à terre et garder l'autre jambe pliée, comme pour chausser Cendrillon. Les photos qui défilent sont précises et expliquent comment faire pour que la cliente se sente comme une reine et vive une expérience in-com-pa-ra-ble. Les articles sont présentés comme des pièces exceptionnelles selon une gestuelle raffinée et étudiée. Un vendeur déplie un rouleau de parchemin en daim sur le comptoir afin d'y déposer un sac à main. Ce serviteur fait une lente chorégraphie – ses bras, ses mains, tout son corps se meuvent avec harmonie. Acte I, scène 2. J'entends s'élever une mélodie lointaine dans ma tête et j'imagine un valet se déplacer sur un air de menuet. Celui qui joue la scène est non seulement vêtu de son magnifique uniforme mar-

* « Langage du corps ».

ron glacé mais arbore également une paire de gants blancs – un nouvel accessoire dont seront très prochainement affublées les équipes de vente. Je pâlis. Nous allons donc être réellement assimilés à des *boys* ? Dressés comme au bon vieux temps. La salle commence à réagir.

– Mais pourquoi voulez-vous nous faire porter des gants ? On n'est pas des femmes de chambre !

Concentré sur sa présentation, John ignore cette interruption. La formation reprend son cours et Liza appuie à nouveau sur la touche *play*. Mais l'atmosphère dans la salle est électrique, et lorsque l'on passe au chapitre suivant, consacré aux chapeaux, chacun commence à plaisanter sur l'éventuelle apparition d'une colombe ou d'un lapin. John arrête alors le DVD. La salle continue de ricaner tout bas et la tension monte.

– *Come on, guys ! Do not interrupt me… OK* ?*

– Le port des gants est une suggestion qui n'a pas encore été votée, reprend-il en français. Mais apparemment, vu votre réaction, elle pourra peut-être être reconsidérée. Je vous propose de conclure cette journée car il est déjà tard.

Liza rallume la lumière et John me demande pour conclure :

– *So, Charlotte, how would you describe « The Montezzo Selling Guide** » ?*

Je descends de mon nuage et déglutis :

– *Well… Buying at Montezzo should be like a ceremony… A fine, upscale and luxury experience***.*

---

* « Allez ! Ne m'interrompez pas… D'accord ? »

** « Alors, Charlotte, comment décririez-vous le “Guide de la Vente Montezzo” ? »

*** « Eh bien… Acheter chez Montezzo devrait être comme une cérémonie… Une expérience raffinée, haut de gamme, de luxe. »

– *Exaaactly ! It should be a selling ceremony* !* s'écrie John.

En recourant à une formule toute faite, tombée d'un tiroir de la publicité, je me suis sortie de ce traquenard. Chacun range sa trousse et ses crayons et nous sortons à l'air libre. Fin de la classe. Dehors, il fait nuit.

Les deux dernières journées se sont finalement achevées par des examens. Nous avons eu plusieurs interrogations orales sur les icônes de la marque, les noms de chaque modèle de sacs et chaussures, et les dates clefs à se remémorer. Un test d'anglais de quatre heures, le TOEIC, a été l'ultime épreuve. Un calvaire pour les migraineux. J'obtiens mon diplôme. Je suis apte. Ces trois jours de *Selling Guide* ont fait de nous des champions et le petit robot que j'étais est devenue la Super Jaimie de la vente.

— Il faut vraiment que j'arrête de fumer. J'en suis à plus d'un paquet par jour ! Plus je fume et plus ça me stresse…, dit Tatiana.

— Essaye la pipe, il paraît que ça détend ! conseille Florent.

* « Exactement ! Ça devrait être une cérémonie de la vente ! »

C'est un jour de grève et aucun transport ne fonctionne à Paris. Tatiana et moi avons traversé la ville à pied pour nous rendre chez Montezzo. Le magasin est en sous-effectif, beaucoup de vendeurs manquent à l'appel. En général, je monte dans l'atelier de retouche pour papoter avec les premières d'atelier et fouiller dans les tiroirs ou les bocaux en verre. J'y pioche des broches ou des boutons gravés du logo Montezzo, des rubans ou du galon de toutes les couleurs. C'est toujours un plaisir de chiner au milieu de cette mercerie de luxe sans vraiment savoir à quoi vont me servir ces colifichets. J'ai une préférence pour les boutons que je trouve tous plus magnifiques les uns que les autres. Je les utilise pour rehausser l'allure de mes vestes et tricher sur la marchandise. Dina, la chef d'atelier, s'occupe de mes retouches pour un prix d'ami et transforme ma silhouette de ses doigts de fée. Ces petits « trucs » à moindre coût trompent souvent mon entourage.

À l'heure du déjeuner, je descends dans la salle de repos. J'enfourne mon plat cuisiné dans le micro-ondes et termine avec un café sans m'attarder. À mon retour sur le département, Tatiana est occupée avec des clients russes.

Friands de marques de luxe et avides du style Montezzo, les clients russes sont sa chasse gardée. Souvent glaciale, parfois polaire, cette population semble en effet préférer l'assistance d'une compatriote et achète avec une voracité hallucinante tout ce qu'elle trouve sur son passage. Cette nouvelle clientèle déferle au Faubourg sans interruption pour s'adonner au plaisir du shopping. La sauvagerie avec laquelle elle dépense me choque de moins en moins, et je m'habitue à ses actes de pillage mondain.

La femme est dans la cabine pendant que son mari, assis sur la méridienne, sirote une coupe de champagne. Qui sont-ils pour recevoir ce traitement de faveur ? Lui ne ressemble à rien : gros et avachi sur la banquette, il porte une veste trois-quarts en cuir avec un jean et une paire de chaussures en crocodile. Sûrement du sur mesure. On dirait un maquereau de série B. Tatiana, qui semble très occupée, ne m'entend pas arriver. Les joues rouges, elle s'agite en tous sens. En voyant le monceau de vêtements, je comprends qu'elle s'occupe de ses clients depuis une bonne heure. Je m'approche discrètement et lui demande de qui il s'agit. Elle m'entraîne à l'écart et me glisse :

– Je n'en sais rien… Ils viennent d'arriver en jet privé… Sa femme achète tous les vêtements qui sont sur la banquette… Il y en a pour environ 30 000 euros… Ils repartent dans quelques heures… Aide-moi, il faut faire vite !

Tatiana a une vraie calculatrice à la place du cerveau et est capable d'estimer la valeur de ce qu'elle vend à l'euro près. N'étant pas vraiment occupée et devant la singularité de la situation, je décide de l'aider. Je lui propose d'aller chercher en réserve de nouvelles tenues pendant qu'elle reste avec la cliente à lui tenir compagnie. Ce qui lui permet de bavarder et d'occuper le terrain. Puis je suggère à Tatiana de montrer à la cliente des articles qu'elle n'a pas demandés.

– Mais puisque je te dis qu'elle a déjà une trentaine de manteaux de fourrure, n'insiste pas…, me répond Tatiana.

J'observe la cliente depuis un petit moment et je comprends qu'elle achète TOUT ce qu'on lui propose sans aucun discernement. Une demi-heure plus tard, nous sommes à environ 50 000 euros de marchandises. Je prends à nouveau Tatiana à part pour lui parler.

– Écoute, je pense que cette femme va nous acheter notre stock ! Il faut tout lui sortir, les crocos, les fourrures… Tout ! Si ça ne t'ennuie pas, j'aimerais lui présenter quelques éditions limitées. De toute façon, on verra bien !

– Bon, bon, comme tu veux… Allons-y !

Gravissant les marches quatre à quatre, nous montons en un instant à la réserve. À bout de souffle, nous attrapons ce que nous trouvons de plus cher à lui montrer : vison, zibeline, lynx, chinchilla… Un rire nerveux s'empare de nous. Puis nous nous ruons sur les portants et attrapons par poignées des manteaux, capes et vestes en fourrure. Frénésie totale. Ensuite nous attachons sur chaque pièce de larges ceintures en croco ou en python et enroulons des écharpes en marmotte au niveau des cols. Les peaux précieuses que nous décidons de lui vendre sont ornées de deux ou trois accessoires, ce qui augmente considérablement leur prix. Bien sûr, la cliente n'est pas obligée d'acheter l'intégralité, mais je fais le pari qu'elle optera pour le *package*. Et c'est le cas ! Pour chaque vêtement que nous lui proposons, la cliente russe achète l'ensemble du cintre. Si nous avions rajouté un sac en bandoulière, disposé une chaussure dans chaque poche ou épinglé une broche pavée de diamants, elle les aurait aussi achetés. Nous sommes face à un cas de « fièvre acheteuse » sans précédent à la boutique du Faubourg. À la fin de la vente, la cliente a acheté pour 120 000 euros de vêtements. Une date historique dans le calendrier de Montezzo. C'est une victoire totale. Quatre heures plus tard, Tatiana et moi sommes encore hystériques, comme si nous avions remporté une médaille olympique.

Lorenzo nous a félicitées en nous offrant une bouteille de champagne. Pour deux.

Bien dressé selon le *Selling Guide*, le vendeur salue la cliente et lui sourit dès son arrivée en boutique. D'abord attentif et à l'écoute de ses attentes, il va ensuite la submerger de compliments et de formules agréables. Tout est une question d'équilibre et il le sait. Il marche sur un fil. Il a parfaitement conscience que les vêtements qu'il vend sont synonymes d'excès et de démesure. Il attend patiemment le moment opportun où la cliente va succomber, la minute où tout va basculer. La cliente est venue pour assouvir sa quête d'absolu. Et le vendeur doit déceler quel est le but inconscient qu'elle s'est fixé. Elle s'assied sur le divan, il flatte sa vanité et ausculte ses maux. L'art du vendeur est de les décrypter, de les comprendre. Puis, tranquillement et en toute confiance, au moment même où la cliente sera dans le doute, le vendeur va l'orienter en lui conseillant d'acheter sans compter. Là est le pouvoir sous-estimé du vendeur.

La population du magasin évolue au fil des mois dans la mauvaise direction et la clientèle homme, grande habituée des costumes sur mesure, se voit remplacée par la faune du RER B. Les derniers *must have* sur lesquels se ruent ces passagers venus du Nord-Est parisien sont surtout les baskets assorties au blouson en nylon *trendy* repéré dans le dernier clip de rap. Ils sont de plus en plus nombreux à fréquenter la boutique et viennent souvent en bande le samedi après-midi pour faire une razzia. Cette niche de clients *hype*, jusqu'alors insoupçonnée, se développe à la vitesse des clips vidéo et s'impose à présent par ses liasses de billets et ses bagues en or.

– Je vous demande à tous de ne pas trop passer de temps avec « ces clients-là », mais de vous concentrer sur notre cœur de cible, le costume sur mesure, prévient Lorenzo.

– Mais, Lorenzo, « ces clients-là » sont aussi des clients, non ?…

– Oui, oui, je sais, mais je ne tiens pas à voir tous les samedis le magasin se transformer en station de métro Châtelet-Les-Halles… !

Lorenzo est dépassé et paniqué par l'ampleur de la situation. Les « rappeurs de luxe », affalés sur les banquettes du magasin ou parfois même totalement allongés, nous commandent du Coca ou des jus de fruits par *packs*. La clientèle de la banlieue envahit ainsi le département homme et prend possession des lieux de manière spectaculaire. Ils jouent avec nos téléphones internes et décrochent à chaque sonnerie. Le chahut s'installe comme dans une cour de récréation.

– Wallô ?… Ouais, cé qui ?

– Allô ? Je suis bien chez Montezzo ?

– Ben, ouais, té qui toi ? (*Rires.*)

– Allô ?… Allô ?…

– Ziva, j't'écoute... Ma parole, t'as fumé une bûche ou quoi ? ! (*Éclats de rire.*)

Agitation et fous rires se succèdent sous le regard d'Antonia, totalement désemparée. Rien ne les arrête et surtout pas les vendeurs qui, au milieu de ce vacarme, continuent, bêtes et disciplinés, d'appliquer le *Selling Guide*. Chez Montezzo, le client est roi, nous a-t-on enseigné. Nous prenons donc un malin plaisir à participer de manière implicite à cette mutinerie qui nous sort de notre rôle de sous-fifres pour nantis. « Quelle ironie du sort ! » pensé-je. Voilà que le luxe de masse fait son intrusion au Faubourg. Au cœur de la galaxie Montezzo.

— Puis-je prendre votre nom, monsieur, pour l'inscrire dans notre fichier clients ?

— Ahmed.

— Et quel est votre prénom ?

— Ahmed.

— Mais... c'est-à dire... deux fois Ahmed ?

— Ouais, écris Ahmed Ahmed, j'veux pas d'embrouilles, c'est tout.

Juillet

Une meute de paparazzis est agglutinée devant le magasin depuis sept heures du matin. Branle-bas de combat. Gwen Hill, la célèbre héritière d'une chaîne d'hôtel, vient faire son shopping chez Montezzo. Cette demoiselle à la morphologie de *Barbie girl* fait toujours se déplacer les foules. Adulée par ses fans et traquée par la presse *people*, elle draine sur son passage un cortège d'admirateurs. Secousse sismique, Gwen arrive. Un cortège de voitures se gare. Les photographes se bousculent. Gwen apparaît. Ses gardes du corps font bloc. Gwen est mitraillée de flashes. Elle sort de la voiture, se fraye un passage et se replie dans la boutique.

Montezzo figure parmi ses marques de prédilection et la star profite de sa venue à Paris pour y pratiquer son unique activité culturelle, le shopping ! Elle fait ouvrir les portes dès neuf heures – impensable d'être dans le magasin aux heures d'ouverture habituelles. En effet, Gwen Hill ne veut croiser aucun regard. Des saladiers de Chupa Chups, sa sucette fétiche, ont été disposés çà et là à sa demande. Des pétales de roses parsèment le sol pour guider ses pas, toujours à sa demande. La star est lâchée.

Florent, Tatiana et moi l'accueillons, figés comme trois pantins de cire. Nous ne bougeons pas d'un iota. Nous avons bien reçu les consignes : se tenir à l'écart tout en étant présents, et ne surtout jamais croiser son regard… La star passe et repasse devant nous comme si nous étions transparents. Elle n'a que faire de nos services. Après avoir flâné pendant une heure dans les étages, Gwen Hill n'achète finalement qu'une eau de toilette et une paire d'escarpins. Surprise générale. Serait-ce un caprice de star ? Incompréhension et immense déception.

Ça y est, elle va bientôt sortir. Une nébuleuse de photographes s'agite au-dehors. On l'attend. On la guette. Quelle folie a-t-elle encore commise ? Quelle somme extravagante a-t-elle dépensé une fois de plus ? Sa réputation de fille de milliardaire est en jeu. Soucieuse de maintenir son image de parfaite *socialite,* Gwen Hill n'a pas envisagé une seule seconde de sortir les mains vides de chez Montezzo et de se retrouver bredouille face aux photographes. Sans la moindre gêne, elle commande au directeur de lui remplir des tas de *shopping bags,* de boîtes cadeaux vides. Exécution. Elle se recoiffe. Remet du rouge sur ses lèvres. Elle est prête. Gwen Hill sort enfin acclamée par la foule, les mains chargées, titubant sous le poids de son butin. Sous un éclair de flash qui l'éblouit, elle pose triomphante et souriante. Gwen Hill est immortalisée pour la postérité et son image fera le tour du Net.

Après une enquête des journalistes, Montezzo annoncera officiellement que Gwen Hill a dépensé pour 50 000 euros d'achats.

Paloma passe ses jours *off* chez son coiffeur, à Château-d'Eau, le triangle d'or des coiffeurs africains à Paris. Défrisages, extensions, tissages en tout genre ou coloration, une bonne partie de son salaire y passe. Une ribambelle de coiffures polymorphes se succède – boucles en cascade, pièce montée de mèches ou crinière d'extensions –, qui la couronne d'une tignasse extraordinaire digne de la Toison d'or.

— Paloma, c'est quoi encore ce truc sur votre tête ? lui demande Lorenzo.

— Bah, cé mes cheveux ! Jé soui allée chez le koifeur hier pour mettre des rajouts…

— Ah, rassurez-moi… C'est détachable ?

La livraison de la « *pre-fall* » arrive enfin. La nouvelle collection d'hiver est déchargée aux portes du magasin. Des rangées de portants enrobés de housses plastique sortent des camions. Des cocons translucides géants, enveloppant les dernières merveilles de Montezzo, roulent sur le trottoir jusqu'à l'entrée principale. Suzanne, toujours très matinale, a été appelée en renfort pour réceptionner la marchandise avec l'équipe du stock. Florent, Paloma et Tatiana sont surexcités à l'idée de découvrir les nouveaux modèles. Ils ont consulté quelques semaines plus tôt les photos du défilé de Milan sur le site Internet. La livraison est ensuite descendue au sous-sol et les stockistes en vérifient le contenu. Tout est conforme aux bordereaux.

Les essayages de la nouvelle collection sont comme une tradition que les vendeurs « célèbrent » à chaque arrivage. Mélany autorise cette séance de *relooking* qui permet à son équipe d'avoir un meilleur argumentaire de vente, en complément des manuels techniques que Montezzo nous distribue. Comment faut-il attacher la ceinture ? Le décolleté est-il dans le dos ou devant ? Les bretelles se portent-elles sur une seule épaule ? Paloma arrache immédiatement les housses plastique de ses grandes griffes rouges et Florent s'enferme dans les cabines pour essayer les robes. Il a une préférence pour les *evening gowns* qu'il accessoirise systématiquement de *stilettos*. Il s'en est déjà acheté trois paires chez Montezzo. La porte s'ouvre soudain et il fait son entrée en scène. Entièrement habité par son nouveau personnage, il fixe la glace, penche la tête sur le côté en se passant la main dans les cheveux et s'exclame face au paravent miroir :

– « Avec Panthène Pro-V, mes cheveux sont plus brillants, plus souples, plus longtemps ! »

Totalement déjanté et pris d'une excitation contagieuse, il mime différents *spots* de pub à la virgule près, sous un tonnerre d'applaudissements. Palou se jette sur les premières pièces qu'elle trouve, mais son péché mignon reste la fourrure : elle se love dans un manteau en renard et remonte le col jusqu'aux yeux. Regard de braise. Quant à Tatiana, elle a une vision beaucoup plus pragmatique de la collection et garde la tête froide. Elle s'empresse de consulter son carnet de commandes. Les nombreux coups de fil que les vendeurs passent à leurs clientes à l'international servent à mettre de côté les pièces exclusives, et Tatiana, experte en la matière, appelle Moscou aux aurores. Elle griffonne ensuite différents noms sur plusieurs Post-it qu'elle colle sur les *looks* correspondants dans le « cahier de réservations ». Certains modèles ne sont parfois disponibles que dans une seule taille et mis en vente dans une unique boutique sur toute l'Europe. De quoi déclencher une émeute. Ce cahier, qui renferme les désirs les plus profonds des clientes, est souvent l'objet de disputes entre vendeurs car il faut être le premier à y inscrire un nom. Ainsi, agrippés à leur téléphone comme des dealers du luxe, ils parcourent à toute allure leur *listing* et les appellent à la chaîne. Ils savent comment les exciter et accélérer leur rythme cardiaque. La poitrine des clientes vibre sous les palpitations. Leurs cinq sens sont en éveil. Elles balbutient à l'autre bout du fil, au bord du malaise et au paroxysme de leur plaisir. Entre overdose et orgasme.

— Voyez-vous, moi, je suis comme un caméléon, lorsque j'entre chez Montezzo, je suis en totale transmutation ! me confie une cliente.

La rédactrice en chef du magazine *Diva* pousse la porte du magasin cinq minutes avant la fermeture. Pas de chance.

– Bonjour, Charlotte, ça tombe bien que vous soyez là car ce soir j'ai tout mon temps… On va pouvoir s'amuser, toutes les deux… !

La papesse de la mode s'assoit sur la banquette, jette sa veste sur l'accoudoir, me commande du champagne, s'allume une Silk Cut et commence à feuilleter le catalogue de la *pre-fall.*

– Lorenzo est là ? me demande-t-elle.

– Oui, il arrive tout de suite, madame Peterson.

– Oh ! lalala ! J'adoooore votre collection ! Elle est di-vi-ne ! dit-elle en faisant courir les pages entre ses doigts.

– Merci.

– Alors, voyons voir... Je voudrais essayer toutes les tenues avec des robes du soir. Celle-là, celle-ci, heuu... Celle-là et aussi celle-là. Allez, c'est parti ! s'écrie-t-elle en fermant d'un coup le catalogue.

Elle sélectionne au moins une dizaine de *looks*. Je suis partie pour rester très tard. Ma soirée au restaurant tombe à l'eau. J'ai envie de l'étrangler. Elle ressemble vaguement à une actrice rétro, les cheveux blond platine et le regard toujours caché derrière sa mèche, comme si la Terre entière allait la reconnaître. Elle n'est pas très grande mais pulpeuse, et son bronzage permanent accentue le jaune fluo de sa chevelure et le rouge acidulé de ses lèvres. Étonnamment, elle n'a pas encore fait refaire sa poitrine qui tombe légèrement, mais l'exhibe sous ses robes décolletées grâce à la magie du *push up*. En fait, il faut qu'elle se sente systématiquement comprimée dans ses vêtements comme une *pin-up* au bord de l'étouffement. Elle s'interroge constamment sur son apparence, même si recourir à la chirurgie esthétique ne l'a pas encore tentée. Une étape sans doute obligée dans un avenir proche.

– Bonjour-bonjour, ma chérie, tu vas bien ? s'exclame Lorenzo en lui faisant la bise. C'est sympa de revenir nous voir !

Les yeux de Lorenzo affichent des euros comme les écrans des machines à sous. Il sait qu'avec elle c'est le *jackpot* à coup sûr.

– Je vois que tu ne manques de rien ! Champagne, cigarettes...

– C'est parfait. Il ne me faut plus qu'un cendrier !

– Je te l'apporte tout de suite ma chérie, dit-il en dévalant les escaliers.

Lorenzo joue les larbins à la perfection et s'exécute sur-le-champ. Je redescends les robes de la réserve et Mme Peterson commence à les essayer une à une dans le salon VIP. On dirait une vedette dans sa loge se préparant pour une première. Revêtue de la première robe, sans dire un mot, elle monte sur le socle face au paravent miroir. Moment d'observation de la tête aux pieds, regard mystérieux au travers de sa mèche rebelle, bouche crispée, main dans les cheveux, balayage de la mèche, puis main à la taille suivie d'un déhanchement. Pose. Elle s'allume une deuxième cigarette, s'avance jusqu'au mur et se retourne. Pose. Nouvel essayage. La bande-son du magasin continue de tourner en boucle pour l'accompagner tandis qu'elle essaye ses différentes tenues. Elle dispose des mille cinq cents mètres carrés pour elle toute seule et ne semble absolument pas gênée de me retenir si tard. Tous les clients sont partis et les vendeurs rentrés chez eux. Seul Patrick est posté au rez-de-chaussée en attendant la fermeture définitive ainsi qu'un caissier qui, comme moi, est retenu en otage.

– J'ai eu une semaine de folie, vous savez ! Oh ! lala ! Vous ne pouvez pas imaginer ! C'était complètement dingue !

– Ah oui, dis-je en pensant à l'heure qui tourne.

– J'ai passé un week-end horrible à l'Eden Rock ! Figurez-vous que je n'ai même pas réussi à fermer l'œil !

Remarque, quand vous vous réveillez au bord de la piscine, entourée de Britney qui hurle sur son portable et d'Angelina avec sa ribambelle de gosses…, vous avez un de ces mal de crâne !

– …

– Dites-moi, vous ne trouvez pas que je fais un peu Marilyn là-dedans ?

C'est sa réplique favorite. Celle qui trahit son envie de ressembler à une star tout en ayant peur d'être ridicule. Elle sort systématiquement cette phrase, à chaque essayage, en se pressant les seins entre les deux mains comme deux gros pamplemousses bien mûrs. Elle s'observe dans le miroir, faisant une moue de canard, comprimée dans sa robe qui la fait en effet ressembler à un vague sosie tout droit sorti de l'âge d'or d'Hollywood.

– Mais, dites-moi, je ne fais pas un peu Marilyn là-dedans ? me demande-t-elle à nouveau.

– Alors, voyons voir…

– Vous pensez vraiment que c'est une robe pour le tapis rouge ?

– Nous avons également des *smokings* blancs très élégants dans la collection.

– Ah non… Non merci ! Je ne vais pas m'habiller comme un mec ! Et puis ce n'est pas du tout le *dress code* !

Elle m'envoie lui chercher des chaussures pour se constituer un *total look* du catalogue. Les couloirs attenants sont éteints et les poubelles sorties des stocks. Je trouve l'interrupteur à tâtons et rallume la réserve avant d'enjamber les cartons. J'escalade un escabeau et attrape une à une les boîtes à chaussures sur les étagères. Je fais l'aller-retour une quinzaine de fois afin de lui trouver sa taille, la couleur exacte ou la bonne hauteur de talon. Trois centimètres et demi ? Cinq ? Huit ? Douze ou quinze ? Je m'agite ainsi toute seule dans les étages désertés, désespérée par la nuit qui tombe. Mme Peterson, qui a entre-temps sélectionné quelques robes, me demande si je peux commencer à lui faire son ourlet. Je m'exécute et m'accroupis à ses pieds. La cabine est à présent totalement enfumée. Je place les épingles en silence quand Lorenzo réapparaît.

– Alors, comment ça se passe, ma chérie, tu as trouvé ton bonheur ?

– Tu ne trouves pas que je fais un peu Marilyn là-dedans ?

– Mais non, mais non, pas du tout ! Et puis, tu sais, si on te prend pour Marilyn, c'est plutôt flatteur non ? ! (*Rires.*)

Vingt-trois heures sonnent et le show se termine. Elle choisit finalement une dizaine de robes et dix paires de chaussures. L'équation parfaite pour un montant qui s'annonce abyssal.

– Tenez, mademoiselle, prenez ma carte, me dit-elle en me présentant son American Express Black.

Elle s'allume une dernière cigarette avec son briquet Dupont en or champagne rosé. Puis elle applique avec avidité ses lèvres pulpeuses sur le filtre, le pinçant longuement dans sa bouche pour en aspirer la fumée qu'elle recrache lentement dans l'air avec un sourire de contentement. Une trace de rouge à lèvres se dépose sur le filtre. Elle a enfin terminé ses achats. Elle me demande ensuite une facture de sa voix éraillée. Elle repose sa coupe de champagne en y laissant à nouveau son empreinte sensuelle sur le rebord et me signe comme un autographe le reçu de sa carte bancaire.

– Oh ! lala ! Je me suis follement amusée ce soir ! Ce qui est sympa chez vous, c'est que l'on peut venir à n'importe quelle heure du jour ou de la nuit… on ne se sent JA-MAIS de trop !

On a fait tous les deux le test du mois dans *Marie Claire* : « Quelle star se cache en vous ? »

— Eh bien, moi, c'est Lady Gaga ! s'écrie Florent.

— Whaouuu, bravo ! Et toi, Paloma, quel est ton résultat ?

— Sylvie Vartan.

Je prends quelques robes sur cintres et les place devant moi en me regardant dans le miroir. Pourquoi les rendent-elles toutes dingues ? Ces vêtements cacheraient-ils un pouvoir magique ? Pourquoi sont-ils tant convoités ? Ces tenues de rêve font souvent la une des magazines de mode et attisent l'envie des clientes. Alors, à chaque parution presse, le téléphone sonne de manière incessante.

– Montezzo Faubourg, Charlotte, bonjour, puis-je vous aider ?

– Oui, bonjour, j'ai vu une robe en couverture du *Elle* de cette semaine et j'aimerais savoir si vous l'avez reçue.

– Non, madame, c'est l'édition du *Elle* américain, nous n'allons donc pas recevoir cette robe en Europe.

– Mais… C'est-à-dire ?

– C'est une robe conçue uniquement pour le marché américain et…

– Mais c'est une robe Montezzo, non ?

– Oui, tout à fait, mais elle ne sera pas en boutique en France. C'est une pièce exclusive destinée…

– Mais c'est incroyable, ça ! Il me faut cette robe pour un cocktail que j'organise et je la veux ab-so-lu-ment, alors dites-moi, comment je fais ?

– Je ne peux malheureusement pas vous aider. Il faut que vous appeliez directement les États-Unis pour la commander.

– Mais j'achète régulièrement chez Chanel ou chez Dior et je n'ai jamais eu ce problème !

– Écoutez, madame, je regrette, mais je ne peux malheureusement rien faire de plus…

– Et alors, je porte quoi, moi, pour la baar-mitsvaaa de mon fils ? !!!

Le calme et l'assurance avec lesquels nous leur répondons les désemparent. Elles n'arrivent pas à comprendre comment nous pouvons les laisser dans un tel désarroi. Un drame à répétition qui devient, au cours des mois, mon quotidien. Après l'anxiété de mes débuts et la peur de décevoir la cliente, j'ai peu à peu développé avec l'expérience une attitude proche de l'inertie. Je n'entends plus les cris et les menaces.

Les commandes affluent de plus en plus tôt du monde entier et les clientes se précipitent pour acheter les quelques pièces phares de la collection. Après certaines parutions presse, toutes les chaussures et les robes sont parfois vendues par correspondance en un coup de fil. Leur numéro de carte bleue est composé par-dessus les mers, de Dubaï à Moscou. Puis la transaction enregistrée. Ensuite les réservations sont mises de côté, au stock. Le carnet de commandes est plein. Montezzo fait partie des dix plus belles marques de luxe au monde avec une collection de tenues *glamour* et *sexy* inégalable.

Beaucoup de clientes se pâmeraient pour en avoir une dans leur dressing. Mais nous ne pouvons honorer toutes les demandes. Il faut alors apaiser les patientes et les tranquilliser. Hystérie collective passagère. Pour ma part, je n'ai pas encore eu la curiosité d'essayer une robe Montezzo, juste un instant, pour comprendre ce qui explique tant de démence de la part des clientes. Je préfère ne pas m'approcher du mal qui les touche.

La salle de repos est remplie de pâtisseries que Suzanne a cuisinées pendant le week-end. C'est son *hobby* favori et elle enfile régulièrement son tablier pour nous concocter de petits goûters que nous dégustons avec le même plaisir qu'un dessert de grand-mère.

— Tu veux un café ? demandé-je à Patrick en mettant de l'argent dans la machine.

— Oui, sans sucre, merci.

— Tu travaillais où avant d'entrer chez Montezzo comme agent de sécurité ?

— J'étais chez Disney à Marne-la-Vallée.

— Ah ? Et tu t'occupais de la sécurité là-bas ?

— Ah non, pas du tout, j'avais postulé pour être serveur, mais ils m'ont collé à la Parade.

Surprise, je recrache d'un seul coup mon café dans mon gobelet. Florent, qui se trouve à côté de moi, s'arrête net de boire et retient son morceau de cake dans la bouche, les joues gonflées par la boisson chaude. Il est à deux doigts de s'étouffer.

— Hein ? T'es sérieux ? demandé-je en m'essuyant la bouche.

— Ouais, ouais, j'avais besoin d'un boulot et j'ai postulé avec un pote à moi, seulement lui n'a pas été sélectionné parce qu'il mesurait un mètre quatre-vingt-douze. Il faut faire entre un mètre cinquante et un mètre quatre-vingt-dix pour entrer dans les costumes.

— Et tu es resté combien de temps là-bas ?

— Le conte de fées a vite tourné au vinaigre. J'avais un trajet de deux heures aller-retour et j'étais crevé tous les soirs. Il fallait tout le temps danser et faire coucou à tout le monde ! Ça m'a soûlé. En plus, je devais répéter les chorégraphies en étouffant dans ce déguisement à la con qui pesait des tonnes. J'étais systématiquement trempé au bout de quinze minutes. Et puis là-dedans, ça puait le moisi ! Un jour, je n'ai plus réussi à synchroniser mes pas avec mes bras et je me suis planté en pleine parade, ça a été la fin. Ils m'ont lourdé.

Florent se met à glousser crescendo. J'éclate de rire.

— Et quel personnage tu faisais ? demande Florent en pouffant.

— J'étais Tic, le copain de Tac.

Les matinées s'organisent de façon mécanique et ordonnée, sous le regard inquisiteur de Mélany. Pendant ce temps, j'essaye de faire connaissance avec Olga, la nouvelle recrue.

– Alors comme ça, toi aussi tu es russe ?

– Pas du tout ! Je suis ukrainienne ! répond-elle d'un ton sec.

Discrète et renfermée, Olga ne parle presque pas et se contente d'exécuter son travail consciencieusement. Elle est aussi insipide que transparente. Blonde, la peau blafarde et les yeux bleus comme le fond d'une piscine municipale, elle est maigre comme un clou. Elle a déjà des habitudes de vieille fille et veut déjeuner à heure fixe tous les midis. Soupirs. Aucun d'entre nous ne prête vraiment attention à ses caprices et on la laisse se plaindre dans son coin. Efficace, elle apparaît puis disparaît des cabines d'essayage comme un courant d'air. Olga tient son rôle de petite fée du logis à la perfection, nettoyant derrière chaque cliente en un clin d'œil.

Une grande partie de la clientèle chez Montezzo est constituée de princesses du Moyen-Orient. Elles déferlent avec un flot d'assistantes et une armada de gardes du corps. Toutes vêtues à l'identique de grands drapés noirs, elles se déplaçent en grappe comme de longs fantômes sans pieds formant un ballet de silhouettes floues. Seuls leurs yeux de chat bougent au travers d'une fente rectangulaire. Une fois passé le seuil des cabines, elles se découvrent et on peut admirer la splendeur de leur chevelure et la grâce de leur visage au regard souligné comme celui de Cléopâtre. Prenant soin qu'aucun vendeur masculin ne soit présent dans le département lorsqu'elles s'y trouvent, nous les accompagnons dans le carré VIP du troisième étage, où elles se livrent tranquillement à leurs essayages au milieu des bavardages et des sonneries de téléphones portables. Ce jour-là, c'est la princesse Salwa qui vient d'arriver pour quelques jours à Paris. Elle est la seule fille d'une lignée de quatorze enfants. De surcroît, elle est la cadette. Enfant chérie tant attendue, adulée comme une future reine, elle a été élevée avec trop d'amour et de sucreries, tel un petit sumo, et sa silhouette est proche d'un pâté de sable. Elle aime faire son shopping en Europe et j'ai entendu dire qu'elle dévalisait tous les magasins sur son passage. Lorsqu'elle est à Paris, elle descend dans sa suite du Ritz et commence par sa griffe préférée : Montezzo. Aujourd'hui, elle vient d'acheter trente-sept paires de lunettes de soleil et l'équivalent en chaussures, assorties à chaque couleur de monture. Une forme d'achat boulimique sûrement lié au taux d'ensoleillement très élevé de son pays. Les accessoires sont ses articles favoris car elle a beaucoup de mal à trouver du prêt-à-porter à sa taille. Une fois de plus, personne ne veut vraiment s'attaquer à ce monstre d'élégance et je me dévoue pour cette mission difficile.

Assise confortablement sur son « trône », la princesse ne bouge pas d'un iota et attend qu'on lui déplie le tapis rouge. Habituée à être au centre de l'intérêt général, Son Altesse Royale surjoue son rôle, parfois à la limite de la politesse.

– *Sho mi what you have niou. Anyting speciol fo mi** ?

Elle commence par me demander mille choses à la fois, voulant essayer robes et sacs à main en même temps, tout en buvant une boisson fraîche non alcoolisée. Il faut rameuter trois ou quatre vendeuses supplémentaires pour la servir au pas de course. Toujours impatiente, elle veut sentir que toute l'attention est portée sur elle et que le magasin entier est en émoi, à son service, tremblant sous ses ordres. Ses assistantes person-

* « Montrez-moi ce que vous avez de nouveau. Il n'y a rien d'un peu spécial pour moi ? »

nelles en surajoutent, semant la confusion au milieu d'un bavardage incessant. En quelques secondes, un vent de panique souffle sur le département et c'est la pagaille dans les cabines. Elles me harcèlent :

– *Mahdam, mahdam, pliz, chi wants also tou trï dis and dat, pliz bring her dis and dat, chi wants tou si evriting ! Evriting OK ? Bring bring quick quick, yallah yallah* * !*

Les vêtements s'empilent, les boîtes à chaussures s'accumulent, les sacs en crocodile et cuir d'autruche s'entassent et je dégouline de sueur. Tout ce qui brille les galvanise. Après plusieurs allers-retours effectués au pas de course à la réserve, je reprends mon souffle dans l'escalier. Puis, tout d'un coup, au milieu de cette agitation, le temps s'arrête. L'heure de la prière a sonné. On stoppe les festivités. Toutes ces femmes se mettent à genoux dans les cabines d'essayage, prosternées sur l'épaisse moquette aux initiales MM, murmurant quelques mots, les mains tendues vers le ciel. Une des assistantes me demande si l'on peut couper la musique du magasin, le temps de la prière. Moment de recueillement. Je patiente et observe leur lente chorégraphie. L'une d'entre elles s'arrête et me dit :

– *You don't want to pray wiz us ?*

– *No thank you.*

– *You're not muslim** ?* me demande-t-elle, les yeux ronds.

Je réponds par un signe négatif de la tête. Une fois la prière terminée, la danse du ventre reprend. Robes,

---

* « Madame, madame, s'il vous plaît, elle veut aussi essayer ça et ça, s'il vous plaît, apportez-lui, elle veut absolument tout ! Tout, vous avez bien compris ? Plus vite, allez, allez ! »

** « Vous ne voulez pas prier avec nous ?

– Non, merci.

– Vous n'êtes pas musulmane ? »

tuniques, blouses, tout est trop petit pour elle. Après de nombreuses tentatives, le verdict tombe. La princesse Salwa ordonne d'un geste agacé de suspendre les recherches. Il faut se résoudre à l'évidence, elle ne rentre dans rien. On peut lire la déception sur son visage et l'embarras de ses assistantes. Temps mort. Olga se glisse au milieu de la meute et ramasse le fatras qui recouvre le sol. Elle remet les vêtements froissés et piétinés sur les cintres, ramasse les dépouilles de sacs en peau de reptile qu'elle range en un clin d'œil. Les assistantes se mettent alors à se concerter pour trouver une solution. Le débat a lieu à huis clos. Elles s'entretiennent avec la princesse et le ton monte. Postée en retrait, j'observe la scène et attends la fin de cette réunion houleuse. Le malaise s'installe et l'atmosphère devient de plus en plus pesante.

– *Excuse me, but… I think I might have a solution**…, leur dis-je.

Les femmes s'interrompent et se retournent vers moi silencieusement.

– *If we take these two dresses, we could make a new one out of two… I can ask our tailor if you want***.

La princesse écarquille les yeux, me regarde et s'exclame avec un sourire radieux :

– *Well, that's a greeeaaaat idea**** !

Je décroche le téléphone rouge. L'atelier de retouche est contacté dans la minute. Dina, la couturière, descend et vient évaluer l'ampleur des travaux. On ne refuse pas

---

* « Excusez-moi, mais… Je pense avoir une solution… »

** « Si nous décousons ces deux robes, nous pouvons peut-être en reconstituer une… Je peux demander conseil à notre couturière, si vous le souhaitez. »

*** « Eh bien, cela me semble être une excellente idée ! »

une requête de Son Altesse. Dina sort un mètre de couture et prend les mensurations de la princesse de long en large. Puis elle place des épingles afin d'ouvrir la robe dans sa totalité. Elle annote ensuite des chiffres sur son petit carnet puis le glisse dans sa poche. Parfait. Les retouches seront prêtes sous quarante-huit heures. Expiration. Les assistantes ont frôlé la catastrophe. Elles sont soulagées de voir leur princesse satisfaite, elle qui, grâce à cette astuce de dernière minute, voit son vœu enfin exaucé. Cette nouvelle tombe comme un miracle. Un signe de Dieu. Elle a finalement choisi plusieurs robes du soir et en a acheté six pour en confectionner trois. CQFD.

— Pourriez-vous me dire quels sont les trois principaux imprimés de cette collection ? demande une cliente à Olga qui se trouvait là.

— … Il y a le prince-de-galles… Le tartan… et le patte-de-poulet.

— Pardon ?

Le visage d'Olga devient écarlate.

— Je suppose que vous voulez dire le « pied-de-poule » ?

Olga vient d'être piégée à l'instant par un *mystery shopper*. Touchée, coulée.

L'été

J'arrive à dix heures tous les matins pour faire l'ouverture du département prêt-à-porter femme avec Florent. Le *floor* est en général vide et nous sommes tranquilles pour deux bonnes heures avant que les premières clientes arrivent. Florent descend à la cuisine pour préparer les services à thé et remonter les boissons de la journée. Puis il va prendre un café au distributeur avec les agents de sécurité. J'en profite pour me connecter sur l'ordinateur du bureau et naviguer sur Internet. Ce matin-là, pensant être seul, Lorenzo avance à pas de loup sur le *floor* sans soupçonner ma présence. Un petit sac en kraft tout froissé dépasse de la poche droite de son pantalon. Il y glisse discrètement sa main et saupoudre rapidement le sol en silence, continuant sa marche jusque dans les cabines d'essayage. Il répète son geste tout en murmurant une formule mystérieuse que je n'arrive pas à distinguer. Le maître de cérémonie semble en pleine méditation et je ne veux surtout pas le déranger… Je fais quelques pas en arrière pour ne pas être vue et attends patiemment la fin de ce rituel dont j'ignore le sens. Il monte ensuite l'escalier et répète son geste à l'étage, dans l'espace VIP. J'attends qu'il parte, puis m'avance dans les cabines. Des petits cailloux blancs sont semés sur la moquette comme du gravier. J'en ramasse un : il s'agit de gros sel. Je comprends alors que ses incantations sont autant de prières pour que le magasin se transforme en un lieu de pèlerinage où convergeront tous les fidèles de la mode.

— Eh, les filles ! Qu'est-ce qui sent les pieds, la chatte et les fesses en même temps ? demande Florent.

— … ?

— Une paire de collants en boule !

Le mois d'août se résume pour moi à la rue du Faubourg-Saint-Honoré. J'ai l'impression de ne jamais sortir de ce magasin et d'être dans *Un jour sans fin* où la même journée recommence, identique à celle de la veille. Je travaille dans le luxe, mais je suis loin de pouvoir m'offrir le moindre voyage. Je suis à sec et ma situation financière est telle que j'entrevois Paris Plages comme l'unique destination *low cost* à ma portée. À moi le bain de foule ! Au programme : beach-volley, Baby-foot ou cours de Zumba fitness. Comme chaque été, Paris se vide petit à petit et ses habitants laissent place aux millions de touristes. Une chaleur écrasante accable la ville. La capitale de la mode est devenue un four. Chris en profite pour venir me chercher en scooter au Faubourg. Fini les heures de pointe. Nous traversons la place de la Concorde pour prendre les quais et filons à toute allure devant le Louvre jusqu'au Marais, notre quartier préféré. C'est le temps des terrasses et l'heure de l'apéro rue de Bretagne. D'habitude, la rue devient le théâtre d'un véritable défilé parisien où l'on aperçoit Pierre Hardy au volant de sa décapotable ou encore John Galliano arpenter la rue. Tranquillement installées sous un parasol à la terrasse du Bar'Bouille, Chris et moi discutons devant un verre de pinot noir des innombrables projets qui nous tiennent à cœur.

De mon côté, tout se bouscule dans ma tête : un jour je veux concevoir les vitrines d'un grand magasin, le lendemain être créatrice de sacs, quand je ne rêve pas de devenir responsable de la communication d'une grande marque de luxe et d'occuper un immense bureau blanc avec moulures et parquets, donnant sur les jardins du Palais-Royal. En fait, j'aimerais ressembler à Sofia Coppola qui se trouve imprimée sur les pages du magazine de mode que je feuillette. Une icône de bon goût et de talent. Elle est assise confortablement dans le *showroom* de chez Louis Vuitton et sourit de sa bouche pulpeuse, habillée avec une décontraction impeccable. On la voit poser devant une palette de couleurs que déploie sous ses yeux l'un de ses nombreux assistants. J'hume avec délectation l'atmosphère magique qui se dégage de cette ambiance de studio. Tel est mon idéal. On peut distinguer sur la photo suivante de charmants croquis de chaussures réalisés à l'aquarelle, des échantillons de tissus pêle-mêle et des prototypes de sacs alignés sur la table, posés devant elle comme un sublime éventail de tendances. Ce sont les prémices de sa nouvelle collection « capsule ». Sur une photo, Sofia pointe de son index un croquis tout en tenant de son autre main un *mug* où infuse son thé – vert, je suppose – avec une élégance et un naturel qui n'appartiennent qu'à elle. Comme j'aimerais être à sa place ! Des sacs en cuir Keepall de différentes tailles et différentes matières lui sont présentés comme des mignardises à déguster tandis qu'un plateau de porte-clefs, mini-cadenas gravés LV et autres ustensiles de luxe est exposé sous ses yeux, attendant que la star fasse son choix. Le rêve !

Plus tard, des amis nous rejoignent et la soirée se termine chez Fulvio, l'Italien du coin, ou rue Sainte-Anne, dans un des nombreux restaurants japonais. En fin de soirée, la chaleur de la nuit me donne l'impression d'être sous les tropiques et je savoure ce semblant de vacances. Grâce à ces escapades nocturnes, j'ai moins l'impression de me retrouver parachutée le lendemain matin devant mon vestiaire, comme si j'avais passé la nuit sur place.

Palou se dirige lentement vers moi avec un regard de chien battu. L'air inquiet, elle me souffle à l'oreille :

— Charlotte, jé viens dé faire une konerie...

— Quoi encore ? lui dis-je, amusée.

— Jé brûlé les foulards dé la nouvél collection.

— Quoi ? !! Mais comment ça « brûlé » ?

— Mélany m'avé demandé dé les monté à l'atelier et dé les repassé pour le défilé dé domain soir... Je les ai posés sur la table à repasser et jé souis partie aux toilettes en oubliant le fer...

— Oh non ! Merde, Paloma, c'est pas vrai ! Mais on va se faire tuer ! La veille du défilé en plus... ! Surtout ne dis rien à personne, inutile de mettre de l'huile sur le feu, vu l'ambiance électrique qui règne dans le magasin.

— Mé komment on va faire, Charlotte ?

— Il ne nous reste plus qu'à prier pour que Mélany oublie ces foutus foulards d'ici demain.

— Oui, tou as raison… J'irai brûler un cierge cé soir à l'église dé la Madeleine.

Dieu a entendu Paloma cette nuit-là et, dans le désordre du défilé, Mélany a oublié les foulards. Mais, quand elle s'en est souvenu une semaine plus tard, ça a été l'Apocalypse sur tout le département.

Une fois par an a lieu le Trunk Show au Faubourg. C'est un défilé aussi prestigieux que ceux que l'on peut voir pendant la Fashion Week au Carrousel du Louvre, sauf qu'il est réservé aux meilleurs clients de la maison. Ce jour-là, exceptionnellement, la boutique ferme ses portes en avance pour permettre la préparation de cet événement. Les mannequins, coiffeurs et maquilleurs arrivent les premiers, puis c'est le tour du traiteur et de ses équipes. La salle au rez-de-chaussée est entièrement réaménagée avec des spots, un podium et des gradins. Un authentique *catwalk* est reconstitué. Le DJ fait des essais de son et passe la musique à fond dans le magasin. Dès dix-huit heures, il règne une ambiance de soirée privée. Pendant ce temps-là, nous sommes livrés à nous-mêmes et attendons que tout se mette en place, baignés dans cette atmosphère de fête. Les invités sont conviés à dix-neuf heures trente pour un cocktail précédant le show. Le rôle des vendeurs se joue en deuxième partie de soirée, lorsque les clients remonteront dans les étages, là où se trouvent les collections. Mélany nous a préparé des bons de commande pour chacun d'entre eux. Dès la fin du défilé, il faudra les pister comme du gibier et les sensibiliser aux nouveautés. Elle nous *briefe* à nouveau sur les objectifs de la soirée et insiste sur le contact à établir avec la clientèle.

– Comme je vous l'ai demandé cette saison, le *listing* clients est beaucoup plus sélectif : nous avons retiré tous les pique-assiettes de l'année dernière car, pour ceux qui auraient confondu, Montezzo n'est pas la soupe populaire ! Les clientes ont été triées avec beaucoup de précision en fonction de leurs achats des six derniers mois. Retenez ceci : *Where bees are, there will be honey* !* Je vous invite donc à passer du temps avec chacune d'elles autour d'une coupe de champagne afin de savoir ce qui leur a plu dans le défilé, s'il y a des pièces qu'elles souhaitent commander... En bref, mélangez-vous à la foule et faites-les parler. Vous savez que vous n'avez pas le droit de boire ni de manger de petits-fours pendant la soirée. Nous devons garder une image luxe car, ce soir, c'est tout le gotha qui sera là ! Maintenant, faites une pause. On se retrouve ici dans trente minutes.

Mélany use de son tact habituel pour nous motiver. Ce soir, le *staff* sera au grand complet et l'ensemble de la direction arrive de la maison mère basée à Milan pour assister à ce *fashion show* très prisé. C'est l'occasion de voir la hiérarchie parader dans ses plus belles tenues. Les vendeurs sont, bien évidemment, les seuls à devoir garder leur uniforme. Une fois de plus, mon tailleur d'animatrice

* « Là où il y a des abeilles, il y aura du miel ! »

en dégustation chocolat me déprime. Bientôt, quelqu'un me confond avec un membre de l'équipe traiteur.

– Mademoiselle, serait-il possible d'avoir une autre coupe de champagne ?

Misère... Nous rejoignons les autres vendeurs du magasin pour une répétition générale avec Lorenzo. Il nous passe en revue de la tête aux pieds.

– Vous avez bien ciré vos chaussures ? Attachez vos cheveux. Les filles, mettez bien votre foulard autour du cou et souriez ! Allez, je compte sur vous !

Tatiana, surexcitée, ne tient pas en place et savoure cette soirée pour deux. Le moment crucial approche et la foule commence à se diriger vers les gradins. Les places sont scrupuleusement réservées en fonction des affinités des clientes. Ainsi, Mme Fisher ne doit surtout pas être assise à côté de Mme Chen qui la déteste. Quant au premier rang, il est très disputé. Les sièges sont attribués selon le pouvoir d'achat de chacune. C'est la démonstration vivante que notre « portefeuille clients » compte parmi les plus importants d'Europe. On peut admirer Mme Dos Santos habillée de noir, comme toujours, illuminée de diamants ancrés sur ses mains recroquevillées. Chaque pierre est grosse comme une bille. Il n'y a pas un de ses doigts, poignets ou lobes d'oreilles qui ne scintille. À côté d'elle se trouve Mme Tilonis, le visage fripé comme une feuille de papier, enveloppée d'organza, coiffée d'un chapeau en velours et plumes d'autruche. On dirait un vautour. Elle tient du bout de ses ongles une pochette en satin rebrodée de cabochons et ne décroche pas un sourire. Plus loin s'agite Mme Duphot accompagnée de son amant qui exécute tous ses caprices sur commande. Comme à son habitude, elle joue les nymphettes avec ses grands yeux clairs et son physique de Pamela, qui enflamme l'atmosphère. Une rafale de sourires s'abat sur son passage. Habillée d'une robe bustier imprimée de roses et de papillons, elle déambule sur des escarpins en cuir métallisé de quinze centimètres de haut. Derrière elle se trouve Mme Paccioli, vêtue d'un trench noir ceinturé à la taille à même la peau. Je ne remarque sur elle qu'un seul accessoire : sa paire de cuissardes vernies noires Louboutin, plaquées sur ses jambes comme des collants en latex. Voilà l'ensemble de sa tenue sulfureuse. Vapeurs.

Dans cette agitation, sous la chaleur des spots, je survole du regard les invités et découvre des visages sortis de gravures de Daumier, tous plus effrayants les uns que les autres. Des femmes aux regards tirés à outrance toisent leurs voisines derrière une haie de cils noirs plâtrés de mascara. Concours de beauté ! Leurs bouches plastifiées, tartinées de lubrifiant et gonflées d'un boudin similaire leur déforment le visage. Elles ont revêtu pour l'occasion leurs tenues les plus ostentatoires et déshabillent du coin de l'œil la foule en représentation. Gilet en soie incrusté de sequins, combinaison en mousseline de soie noire ou robe en dentelle gris perle, sur une poitrine toujours débordante. Blouse col lavallière, veste en lamé or, ceinture en métal argenté, escarpins plates-formes, cuissardes à franges, *clutch* ou cape en cuir. Amalgame de matières et magma de couleurs. Robes en jersey moulantes excessivement courtes sur des jambes parfaites aiguisées au scalpel, bagues solitaires qui scintillent de mille feux ou pierres multicolores. Le spectacle se déroule en boutique, pas sur le podium.

Après avoir installé tout ce beau monde, nous retournons *backstage*. Bien entendu, aucune place n'est prévue pour nous, même pas un dernier rang, ni un strapontin, rien. Nous n'aurons qu'à découvrir le défilé sur Internet quelques jours plus tard. Cependant, Mélany réussit à nous trouver un endroit perché en haut des escaliers, loin des regards. Surprise de cet élan de bonté, je n'ai pas mesuré le piège qu'il cachait. Tatiana, Paloma et moi sommes blotties l'une contre l'autre afin de pouvoir entrevoir chaque mannequin passer sur le podium. Florent est posté à côté de Mélany. C'est mieux que rien. La lumière s'éteint et la foule fait aussitôt silence. La bande-son démarre, les flashes commencent à foudroyer l'espace et les spots suivent les mannequins de leurs faisceaux lumineux. Instant magique. Elles se déhanchent d'un pas déterminé au rythme des Strokes, longilignes, parées de robes pourpres, le regard perçant, surligné d'un éventail de faux cils et les cheveux au vent. Disco, glam, rock. Un enchaînement de fourrures aux couleurs surprenantes défilent sur ces silhouettes de sylphides venues de l'espace. « Voyant, tape-à-l'œil et élégant », tels sont les mots que retiendra Suzy Menkes pour définir cette collection dans l'*International Herald Tribune* de la semaine.

Dès l'apparition du premier look, Mélany se met à nous commenter en simultané les tenues et à nous indiquer leur date de livraison en boutique. Du premier passage jusqu'au dernier, elle fait l'animatrice télé. Impossible de se projeter dans la féerie du défilé sans avoir l'impression d'assister à un match de foot.

– Passage numéro un : à droite, voici une robe en soie mêlée de bakélite à 7 895 euros. Nous allons recevoir une taille 38 pour cette pièce exceptionnelle et Montaigne aura la 40. C'est une pièce forte qu'il faudra pousser et vendre rapidement.

– Passage numéro deux : regardez bien, c'est une robe en velours avec un col de renard blanc. Elle coûte 8 450 euros. Nous sommes les seuls à la recevoir sur Paris. Peut-être que nous pouvons proposer à

Mme Chen de l'essayer après le défilé. Il ne faut pas perdre une minute, d'accord, Tatiana ?

– Passage numéro trois… Attention, là, c'est un lynx à 26 000 euros ! Une pièce très rare qu'il faut présenter comme de la haute joaillerie. Je compte sur vous, Florent.

– Passage numéro quatre… cinq, six. Passage numéro trente… Allez, remontez vite dans votre département et préparez vos bons de commande ! *Strike while the iron is hot* * !*

Nous avons la tête remplie d'informations et les oreilles qui bourdonnent.

Finalement, la seconde moitié de la soirée est un fiasco commercial. Aucune commande n'est prise. Les clientes se ruent sur le buffet en virevoltant comme des mouches, leur coupe de champagne à la main et le sourire parsemé de miettes de petits-fours. Elles sont ravies du défilé et savourent la soirée dans le tohu-bohu des mondanités. Lorsque vingt-trois heures sonnent, il faut pousser vers la sortie tout ce beau monde qui commence à tituber dangereusement. Mélany doit se résigner ce soir-là et admettre dans son for intérieur que, au même titre que les pique-assiettes, la « haute société » aime boire et s'amuser, sans pour autant dépenser.

* « Il faut battre le fer tant qu'il est chaud ! »

Lorenzo monte l'escalier quatre à quatre et s'arrête à tous les étages pour s'empresser de répandre la nouvelle. Il s'avance vers nous et nous dit sur un ton essoufflé :

— Surtout, si vous voyez entrer dans le magasin un grand Noir d'à peu près un mètre quatre-vingt-dix, avec d'énormes tatouages sur les bras, une dent en or et une allure de SDF, occupez-vous de lui avec le plus grand soin, c'est Lenny Kravitz ! Il va venir aujourd'hui vers quinze heures.

Finalement, le SDF s'est rendu à la boutique Montezzo de l'avenue Montaigne et a dépensé 45 000 euros.

– Écoutez-moi bien, dit Mélany. Nous allons retirer les Beverly Hills de la vente. Plusieurs clientes les ont rapportées en magasin car les talons se sont fendus. Il y a visiblement un gros défaut de fabrication sur ce modèle. Je n'ai pas envie qu'elles nous traînent en justice pour une cheville cassée ! Ne les vendez plus, et surtout pensez à bien remplir les formulaires de retour prévus à cet effet pour le service après vente.

– Merde ! J'en ai vendu une paire la semaine dernière à madame Bossi, murmure Florent.

– À l'heure qu'il est… elle doit être déjà morte ! susurre Tatiana.

Le *briefing* se termine quand tout d'un coup Tatiana s'écroule sur le sol. Matériel d'urgence, compresses, pinces, ciseaux, pansements, désinfectant, coton, brûlure, je déchiffre à toute allure les informations écrites sur la boîte à pharmacie. Tombée dans les pommes au beau milieu du département, elle saigne du nez, la bouche ouverte. Séance de réanimation. Je lui claque légèrement la joue et l'appelle dans le vide.

– Oh, oh, Tatiana ! Ça va ? Tatia, tu m'entends ?

– Bah, tu vois bien qué non, enfin ! Elle est kom-plè-to-ment dans les vap !..., intervient Paloma.

– Poussez-vous ! Laissez-moi faire », lance Suzanne. Elle lui glisse sous le nez un mouchoir en papier imbibé de parfum. « Ça y est, je crois que c'est bon... Elle ouvre les yeux...

– Oooh, mais ça pue !... dit Tatiana en toussant.

– Eh oui, chérie, c'est Cloud, la dernière création de la maison... Au moins elle sera utile à quelque chose ! lance Florent.

Tatiana suit un régime draconien depuis trois semaines et ne s'alimente plus passé onze heures du matin. Thé vert, fruits et yaourt au petit déjeuner, puis une sélection d'eaux pétillantes ou plates qu'elle boit à grandes gorgées, jusqu'au soir. Sa silhouette a considérablement changé depuis qu'elle s'obstine à suivre ce régime de fer. Tout a commencé quand elle a décidé d'économiser pour s'acheter une robe Montezzo avant la fin de l'année, et s'est aperçue qu'elle ne rentrait dans aucun vêtement de la maison. Montezzo n'allant pas au-delà de la taille 42, Tatiana n'a pas eu d'autre choix que de se plier au diktat que les grandes marques de luxe imposent à leurs clientes. De quoi se sentir obèse dès cinquante-huit kilos...

– Mais ne restez pas là, enfin, déplacez-la dans le bureau ! s'écrie Mélany, paniquée à l'idée qu'une cliente arrive.

– Mais on n'arrive pas à la soulever, dit Suzanne.

– Eh bien, appelez les agents de sécurité, je ne sais pas, moi, faites quelque chose !

Tatiana reste les yeux mi-clos. Elle a repris connaissance, mais semble encore faible.

– J'ai soif, lance-t-elle dans un souffle évanescent.

– C'est encore votre menu à l'eau plate qui vous met dans ces états ?! s'égosille Mélany. Je vous préviens, si vous continuez comme ça, je vous change de département ! *Do you hear me** ?

Sous ses hurlements, Tatiana parvient à se relever et descend en salle de repos. Je la soutiens par le bras et avance doucement à côté d'elle. Arrivée en bas, elle s'assoit sur une chaise pour reprendre des forces.

– Tiens, prends un Coca et mange un Bounty, lui dis-je.

Elle sirote sa canette en silence, encore un peu secouée. Je la laisse reprendre ses esprits et contemple le mur couvert des petites annonces du comité d'entreprise : forfait spécial employé pour s'abonner à une salle de sport, week-end promotionnel pour Marne-la-Vallée ou réduction pour des places de cinéma. Soudain, mon regard s'arrête en haut à droite sur le palmarès des vendeurs.

– À quoi sert ce tableau ?

– Bah, ça permet de te situer par rapport aux autres.

– Et c'est affiché là tous les mois ?

– Oui, toutes les semaines parfois ! Tu n'as jamais fait attention ? Regarde, par exemple ce mois-ci... tu es... quatrième sur cinquante ?! ... Mais comment ça se fait ?

– Eh bien, je fais du qualitatif, ma chère !

– Je vois ça ! On peut dire que tu nous as vite rattrapés avec tes énergumènes !

---

* « Vous m'entendez ? »

En continuant de parcourir le mur des petites annonces, mon regard s'arrête sur une offre de mobilité interne au sein du groupe :

Intitulé du poste : VISUAL MERCHANDISER

Descriptif de la mission

La division création et image recherche un rattaché au responsable du *Visual Merchandising.*

Activité principale

• Proposer et réaliser des éléments de décor pour le *display.*

• Mettre en forme les supports de vente internes pour le prêt-à-porter (book de présentation de collection, *packaging,* etc.).

• Analyser les besoins des lieux de vente.

• Participer au choix des fabricants, contrôler les délais…

Profil recherché

Formation école d'arts appliqués, maîtrise courante de l'anglais, sensibilité à la mode et au produit, expérience similaire ou en *retail* prêt-à-porter luxe.

– Ça t'intéresse ? me demande Tatiana.

– Pourquoi pas…

Elle termine son Coca et se relève lentement.

– Bon, allez, on y retourne ? Je suis super en retard sur mon chiffre ce mois-ci. Je n'ai pas envie d'être convoquée dans le bureau de Lorenzo.

— Vous partez en vacances dans votre villa à Marrakech, madame Selam ?

— Mais enfin, je ne pars jamais au Maroc l'été… C'est le repère de Promovacances !

Plus les mois passent et plus je prends ce boulot avec détachement. Pourtant, je l'exécute toujours avec sérieux, mécaniquement. Je suis impassible, comme anesthésiée. Quand vais-je me réveiller ? Je travaille sans réfléchir et m'occupe à remplir mes journées pour ne pas trop avoir à me pencher sur mon quotidien : vendre, conseiller, vendre. Je suis mon instinct, ne connaissant pas grand-chose à ce métier. Ma stratégie, si l'on peut la nommer ainsi, est très spontanée et sincère, sans technique particulière. Je continue de conseiller les clientes d'après ce que j'arrive à décoder de leur personnalité. Je les jauge d'un coup d'œil quand elles arrivent sur le *floor,* puis j'avance à tâtons. C'est un travail d'analyse et d'observation. Pour identifier le mal, il faut d'abord établir un diagnostic. Plus le temps passe et plus les clientes viennent me rendre visite comme on va chez le psy, sauf que la consultation est beaucoup plus chère… Je les examine, puis la séance commence. À aucun moment je ne leur fais miroiter qu'elles ont l'allure d'une mannequin lorsqu'elles ont une dégaine d'épouvantail. Nous cherchons ensemble la solution à leur problème, aussi mineur soit-il. Chacune m'écoute attentivement et, mois après mois, je comprends le pouvoir de persuasion que j'exerce sur elles. Je suis comme une confidente qui, assise sur le rebord de la baignoire, observe une amie essayer différentes tenues pour une occasion particulière. Sous mes yeux, les cabines d'essayage deviennent un immense boudoir, une sorte de cabinet privé à l'ambiance feutrée avec son « thérapeute sur mesure ». Je prescris l'ordonnance qui les guérira de leur névrose : « Un manteau en renard, assorti d'un sac en python, trois fois par jour avec un grand verre d'eau, vous fera le plus grand bien, madame. » La relation que j'ai avec les clientes est étroite, parfois gênante. Je connais les défauts de leur anatomie, les complexes qui les hantent et les pathologies dont elles souffrent. Elles sont devenues « mes patientes ». Certaines ne peuvent parfois rien faire sans mon approbation, je leur suis devenue indispensable, comme par exemple Mme Blas qui m'appelle tous les matins pour savoir comment s'habiller. Oui, tous les matins ! La météo du jour est-elle appropriée à ses escarpins *open toe ?* Sa robe portefeuille n'est-elle pas trop décolletée pour sa réunion avec ses actionnaires ? Et son manteau en renard argenté sera-t-il à la hauteur de son rendez-vous galant ? En un coup de fil, mes conseils doivent résoudre ses problèmes existentiels. Il y a aussi Mme Donouti, riche épouse d'un armateur grec qui achète systématiquement toutes ses tenues en double, en taille 38 et 42, afin de suivre la courbe capricieuse de son régime. Quant à Mme Charif, elle ne porte jamais deux fois la même tenue de soirée et vient remplir son dressing comme un puits sans fond. Ainsi, sachant m'adapter à chacune d'elles et ayant réussi à pénétrer leur âme, je deviens un peu leur gourou. Après chaque consultation, je distribue soigneusement ma carte de visite, en vue d'un prochain rendez-vous. C'est le début de la gloire.

La sonnerie du téléphone retentit.

— Montezzo Faubourg, Charlotte, bonjour, puis-je vous aider ?

— Oui, c'est Mélany au téléphone. Mais où est-ce que vous êtes tous ? Je ne vois aucun vendeur sur le département !

— Mais nous sommes tous présents, Mélany…

— Ah, mais je ne comprends pas… Il n'y a personne sur les caméras quatre et cinq !

Mélany passe ses journées à nous épier sur les écrans vidéo et à nous courir après comme on joue au Pacman. Cela devient presque du harcèlement audiovisuel. Fatigués de subir ses coups de fils et ses reproches, nous avons réussi à déjouer son attention en nous cachant dans les angles morts. Invisibles, mais irréprochables.

Septembre

Les pauses-déjeuner sont aussi l'occasion d'aller flâner rue du Faubourg-Saint-Honoré pour faire du lèche-vitrine. Je décide de troquer mon Tupperware pour un sandwich à la boulangerie et abandonne la salle de repos maussade. Dans ma virée, j'entraîne Tatiana qui salive déjà de plaisir. Je garde mon uniforme sur moi pour gagner du temps. J'ai aux pieds mes pauvres mocassins marron glacé que j'oublie systématiquement de cirer et ma chemise qui a rétréci au lavage. Mais, afin de passer inaperçue, je prends soin de toujours porter ma paire de lunettes de soleil miroir. Malgré mon attrait pour la mode, je n'avais encore jamais osé pousser la porte de ces édifices du luxe et à peine frôlé les trottoirs de la légendaire rue du Faubourg-Saint-Honoré.

Aujourd'hui, je m'y sens comme chez moi, c'est mon deuxième quartier. Il m'a fallu du temps pour ne plus être intimidée par ces sanctuaires où je pénètre désormais sans aucune appréhension. J'arpente la rue comme on va s'acheter des cigarettes, sans être impressionnée par cette foule qui défile devant moi comme autant de figurants d'une publicité pour une marque de luxe. Le Faubourg est une aire de jeu pour *fashion victims*. J'entre sans scrupule chez Yves Saint Laurent ou Chanel, curieuse et insouciante. Totalement décomplexée. Après tout, je suis sûre qu'aucun vendeur ne voudra perdre son temps avec une cliente aussi mal habillée.

Je peux ainsi admirer la collection sans être un instant dérangée.

J'essaye une paire d'escarpins chez Roger Vivier, un sac chez Prada, une robe chez Lanvin ou un carré chez Hermès. Plus rien ne m'effraie et, durant cette heure féerique, je m'évade complètement. Petit à petit, je succombe au plaisir, aussi futile soit-il, de porter çà et là quelques tenues ou accessoires de rêve. Tatiana, qui me suit comme mon ombre, participe, toujours très enthousiaste :

– Oh, Charlotte, ça te va tellement bien ! Tu devrais acheter cette robe pour le réveillon ! s'exclame-t-elle avec sincérité.

J'écoute ses flatteries et roucoule en tournant devant la glace, perchée sur les escarpins que le vendeur a bien voulu me prêter. Tatiana me raconte qu'à Moscou les filles se bousculent pour trouver un travail de vendeuse dans des boutiques de luxe car elles sont entièrement habillées par la marque. Pas d'uniforme. Déguisées comme de ravissantes poupées, elles trouvent dans l'année un mari pour la vie.

– Oh ! lala ! Ma pauvre ! Mais ce n'est pas accoutrée comme ça que l'on va te trouver un prince charmant ! m'avait dit Chris au téléphone la veille.

Surélevée sur un socle comme une danseuse miniature tournant dans une boîte à musique, je deviens un personnage imaginaire à la vie insensée, remplie de réceptions, voyages et mondanités. Surexcitée, Tatiana s'agite autour de moi comme une puce, tournoyant dans un sens puis dans l'autre sans tenir en place.

– Merci, monsieur, on va réfléchir… ! lance-t-elle avec un immense sourire tandis que nous repartons.

Je suis à des années-lumière de vivre ce conte de fées. À moins que je ne fasse comme Scarlett O'Hara et découpe mes rideaux *vintage* pour m'en faire une robe de soirée. Mais inutile de rêver. Cela n'arrive qu'au cinéma. La fin de la pause-déjeuner sonne et nous devons retourner en vitesse au magasin, encore enivrées par notre virée au Faubourg.

— Fallô ?

— Pardon ?

— Oui, bonfour, fé madame Boffi.

— Ah, bonjour, madame Bossi. Excusez-moi, mais je n'avais pas reconnu votre voix… Vous allez bien ? demande Florent.

— Heu, non, fa ne va pas très bien. En fait fe me fui café les dents de defant il y a quelques fours.

— Oh ! lala ! Mon Dieu, c'est pas vrai !!! Mais qu'est-ce qui s'est passé ?

— Eh bien, la paire de Beverly que fou m'afé vendue fé cassée. Le talon n'a pas tenu et fe fui tombée dans l'efcalier.

— Oh noooon !!… Mon Dieu !!

Florent joue les stupéfaits et fait de grands signes de la main de haut en bas en répétant :

— Oh ! lala ! Madame Bossi, comme ça a dû être douloureux ! Oh ! lala ! Je n'en reviens pas. Mon Dieu, je suis vraiment désolé !

— Mais non, mais non, fe n'est pas fotre faute, enfin, Florent, fous n'y êtes pour rien, foyons ! répond la cliente en poursuivant son histoire.

Florent l'écoute attentivement et ses yeux commencent à briller. Il se met à glousser tout bas et ses épaules sursautent de manière saccadée. Il ricane en silence. Il finit par se pincer le nez pour ne pas faire de bruit et des larmes se mettent à glisser sur ses joues. Reprenant son souffle, il poursuit la conversation et sort un Kleenex de sa poche qu'il place devant sa bouche. Il est maintenant rouge pivoine et n'arrête pas de nous faire de grands gestes de la main qui nous laissent présager une catastrophe. Enfin, il se confond en excuses à nouveau, la salue, raccroche et nous lance :

— Les Beverly ont encore fait une victime… Pauvre Mme Bossi, elle va pouvoir se faire un chapelet avec ses dents !

L'annonce est officielle. La chanteuse américaine Alabama va se marier. La noce aura lieu à Paris. Tout le gratin de la mode et d'Hollywood sera convié à la fête et un avion spécial affrété depuis Los Angeles. Les essayages des robes de la future mariée doivent se dérouler au Ritz et je suis choisie pour cette mission extrêmement prestigieuse. C'est la consécration. Deux BMW aux vitres teintées m'attendent vers midi devant l'entrée du Faubourg. Je suis prête à partir. Une fois le coffre rempli à ras bord et la banquette arrière ensevelie sous les housses de vêtements, je monte à l'avant à côté du chauffeur. Le téléphone portable sur le tableau de bord se met à sonner et il répond dans son oreillette.

– Nous partons à l'instant. OK.

Il raccroche avec un sourire et me dit :

– Vous avez vu ce petit bijou ?

– Quoi ? Le téléphone ?

– Oui, c'est le modèle dernier cri de Vertu. Un portable à 48 000 euros entièrement pavé de diamants que ma cliente a oublié dans la voiture.

– À ce prix-là, j'espère que le forfait cosmos est inclus !!...

Les voitures se garent devant le Ritz et les grooms s'empressent de nous ouvrir les portières. Salutations. Tapis rouge. Arrivée au quatrième étage, le majordome m'installe dans le couloir où j'attends patiemment devant la suite 411, où loge la star. L'hôtel est surchauffé et ma veste d'uniforme est déjà toute collante. Par cette journée pluvieuse, la chanteuse n'a pas daigné se déplacer au magasin et préfère être servie dans l'ambiance feutrée de sa suite nuptiale. Il est midi et je commence à être affamée. J'ai préparé une sélection de vêtements sur les conseils de Kosta, son *personnal shopper,* qui représente à lui seul le plus gros chiffre d'affaires du prêt-à-porter femme, avec un panel de célébrités qu'il habille de la tête aux pieds. La veille, nous avons consulté longuement les coupures de magazines qu'Alabama a sélectionnées, et étudié ensemble les tenues susceptibles de lui plaire. Les photos qu'elle a cochées sont rangées dans un classeur aussi épais qu'un annuaire téléphonique. Chaque mois, Kosta est chargé de lui acheter toute la presse internationale. Il y en a pour environ 6 000 euros. Il les entasse ensuite dans une valise qu'il lui poste par FedEx. Alabama, dont l'emploi du temps est surbooké de concerts, d'interviews et de plateaux télé, s'arme alors de ciseaux et découpe sa sélection des dernières tendances, puis les lui renvoie dans ce classeur. Montezzo ne représente qu'une goutte d'eau dans le vaste océan de robes qu'elle commande et Kosta est reçu comme un pacha sur les deux kilomètres de boutiques de luxe que constitue la rue du Faubourg-Saint-Honoré. Un choix de minaudières assorties aux escarpins et quelques parures en diamant, en plus de la multitude de vêtements de la collection prêt-à-porter femme, font partie des sublimes pièces que j'ai l'honneur de présenter à la star. Nous avons sorti du stock toutes les peaux précieuses et misé sur la haute joaillerie. Me voici sur place. La concurrence est déjà là et Kosta m'accueille en coup de vent avec son sourire moustachu et une franche poignée de main.

Habillées de leurs uniformes, les équipes adverses des plus grandes maisons de couture affichent leurs armoiries et attendent en file indienne dans l'antichambre de la suite. L'équipe Dior, suivie de l'équipe Saint Laurent, me devance. Arrivée la dernière, j'attends à l'écart dans le long couloir de l'hôtel, observant le ballet du *room service* et des femmes de ménage. La star sommeille encore. Il faut attendre son réveil. « La belle au Ritz dormant » ouvre l'œil vers midi, encore un peu *jet-lagged* par son voyage depuis LA. J'ai lu la revue de presse que m'a confiée Mélany avant mon départ et connais sa biographie par cœur. Incollable. Je frissonne de plaisir à l'idée de la rencontrer. Florent, Paloma, Tatiana et Suzanne m'ont donné pour gage de me faire prendre en photo avec elle. Défi du jour. Mon ventre gargouille et ma bouche est sèche. Lorsque la porte s'entrouvre, je jette un œil vers le *showroom* éphémère qu'a mis en place la concurrence. L'équipe

Dior a minutieusement disposé ses accessoires avec précision et rigueur. Quant à l'équipe Saint Laurent, qui s'est déplacée en force, elle occupe tout l'espace et nous écrase sous le nombre de ses propositions et de ses équipes. Ils campent là depuis l'aube. Je bois une gorgée d'eau dans le grand verre qu'a bien voulu m'apporter un serveur. D'un coup, la porte s'ouvre enfin et les équipes de vente Dior s'élancent comme une volée de moineaux. Le choix est étonnamment rapide. Tout s'accélère. Il ne reste plus que la maison Saint Laurent et moi. Patience, encore quelques minutes et je vais enfin voir la star pour de vrai. La toucher. Soudain, Kosta sort de la suite et vient me voir.

– Changement de programme. Alabama va déjeuner avec son agent et enchaîne ensuite chez Carita. On va continuer les essayages avec son *body double.*

– … Son quoi ?

– Jenny, son *body double.* Elle a exactement les mêmes mensurations que la star au centimètre près, ne vous inquiétez pas.

C'est la douche froide. Les chutes du Niagara. Un fleuve de déception. Je viens de perdre à l'instant mon pari, moi qui touchais au but. Je n'ai plus d'appétit, terrassée par la nouvelle. La suite royale se vide. La star s'éclipse. C'est fini. De retour au magasin, j'honore quand même ma mission et montre à l'équipe quelques clichés pris avec Jenny, le *body double.* En souvenir d'une journée passée avec l'hologramme de la star.

— Tatiana, retirez vos boucles d'oreilles. Vous savez bien que vous n'avez pas le droit de porter des bijoux de la concurrence ! dit Antonia d'un air exaspéré.

— Mais… je les ai achetés chez Tati.

— … Vous vous croyez à Barbès ?

Le magasin est surchauffé et les vendeurs étouffent dans leurs uniformes. Le présentoir de parfums disposé sur le comptoir des foulards sert de point de ralliement. Chacun vient s'y asperger de quelques gouttes, en toute discrétion. Cloud, Capri, ou Rosa. Finalement, nous avons l'embarras du choix pour nous rafraîchir à cette source artificielle et masquer ainsi nos bouffées de chaleur tout au long de la journée.

Bien qu'étant le directeur de la boutique, Lorenzo s'échappe parfois de sa tour de contrôle et furète parmi ses vendeurs. Un après-midi, alors que le département homme est submergé de clients, il vient prêter main-forte. Une femme en quête d'un cadeau à offrir à son mari se dirige vers lui pour faire appel à ses services. Il commence par la questionner sur ce qu'elle recherche, puis lui montre les costumes sur mesure. Lorenzo adore faire son *one man show* et joue toujours les vendeurs avec humour et enthousiasme. Il arrive à séduire par sa bonne humeur et son physique d'hidalgo. Mais, ce samedi-là, malgré ses efforts et ses talents d'acteur, le charme n'opère pas aussi facilement. Il doit redoubler d'efforts et décide de lui déballer une farandole de costumes et de chemises, assorties de cravates, formant un camaïeu irrésistible. Le grand jeu. Le comptoir déborde de vêtements et la cliente capricieuse paraît enfin satisfaite, séduite par ses propositions. Convaincu de son succès, Lorenzo continue à user de son talent, porté par le jeu de la vente. La cliente semble complètement sous le charme. Il se pavane comme un paon, essayant les vestes les unes après les autres tout en zigzaguant devant elle. Il se plaît à jouer les mannequins et se vante d'avoir défilé pour Armani dans sa jeunesse. Il va conclure la vente. Le tumulte de la foule du samedi résonne sur le *floor*. La cliente se met alors un peu à l'écart, d'un pas discret. Elle regarde derrière elle, méfiante, et fait signe discrètement à Lorenzo de la rejoindre dans les cabines. Intrigué, il la suit à l'abri des regards. Elle baisse le ton de sa voix et lui murmure :

– Je tr… de… u… abi… de… cru… ze êt… ?

– Pardon ? dit Lorenzo.

– Je suis chasseur de tête et je travaille pour un cabinet de recrutement. Nous sommes à la recherche de vendeurs pour une marque de luxe concurrente. » Elle glisse discrètement sa main dans la poche intérieure de sa veste et lui tend sa carte de visite : « Contactez-moi le plus rapidement possible. Votre profil conviendrait parfaitement. Vous correspondez exactement à ce que nous recherchons.

Lorenzo n'en croit pas ses oreilles. Il reste un instant sans voix. La concurrence vient lui voler son personnel sous son nez et lui fait perdre un temps précieux. Il prend lentement la carte de visite, regarde le recto puis le verso, stupéfait, puis relève la tête.

– Malheureusement, je ne pense pas que nous soyons amenés à nous revoir bientôt, madame.

– Pardon… Mais… comment ça ? Vous n'êtes pas intéressé ?

– Vous venez de commettre l'erreur de vous adresser au directeur de la boutique en personne, et, comme vous pouvez l'imaginer, je ne souhaite pas voir mon personnel me quitter pour aller travailler à la concurrence.

Prise la main dans le sac, la femme se met à rougir, embarrassée. Elle esquisse un sourire crispé pour détendre l'atmosphère.

– Ah, eh bien, ça alors, il aura fallu que ça tombe sur moi ! Vous êtes le directeur ? C'est incroyable !

– Eh oui ! « Tel est pris qui croyait prendre ! »

— Allô ? J'aimerais parler au responsable des achats, s'il vous plaît.

— Oui, bonjour. En quoi puis-je vous aider ?

— Voilà, j'ai une cliente qui aimerait acheter la robe de soirée du défilé à 18 000 euros, mais il n'y a pas sa taille.

— Mais quelle taille fait-elle, votre cliente ?

— Eh bien, en fait, elle voulait savoir s'il était possible de faire fabriquer en Italie une taille cinquan…

— Ciiiinquante ? !! (*Éclats de rire.*) Non mais vous êtes sérieuse ?…

— Heu, oui…
— Écoutez, je suis désolé… Chez Montezzo, on n'habille pas les grosses.

Tatiana gagne un salaire net mensuel de 1 250 euros, ce qui est largement inférieur au prix d'une veste de tailleur chez Montezzo. Cela la rend malade ou la déprime selon ses humeurs. Je la retrouve certains jours à pleurer dans le bureau, comptant soigneusement ses tickets resto qu'elle met de côté pour faire ses courses au supermarché. Elle est à découvert très tôt en début de mois et a trouvé cette petite astuce pour remplir son frigo. Mais c'est toujours le même scénario. Elle attend sa fiche de paye avec impatience et, une fois l'enveloppe ouverte, elle voit combien elle est sous-payée. C'est comme si elle s'attendait à une surprise ou à un miracle, mais rien n'y fait : Tatiana a beau être une virtuose de la vente, elle n'est jamais récompensée. Seuls quelques « bravo, Tatiana ! » ou des encouragements lui sont lancés en *staff meeting*. Tout cela lui a donné des ailes au début et elle en était fière comme une élève à qui l'on vient d'offrir un bon point. Mais, elle s'est très vite rendu compte que, malgré ses performances hors norme, elle n'en récolterait jamais les fruits, ou si peu. Elle travaille donc pour quelques « deniers » au regard du chiffre démesuré qu'elle génère à elle seule, grâce à un carnet d'adresses en or constitué des plus beaux portefeuilles de Moscou. Son chiffre d'affaires se compte en centaines de milliers d'euros pour un magasin qui réalise un total de 21 millions d'euros à l'année. On peut la compter comme l'un des piliers du Faubourg, la boutique numéro un à Paris et la troisième en Europe.

Outre son éducation et son niveau d'études, Tatiana est jolie. Brune aux yeux saphir, sa peau est d'une pâleur nacrée et son visage juvénile, rond comme une perle de culture. Sa seule faiblesse, c'est la gourmandise. Si son appétit ne la trahissait pas, elle pourrait avoir des mensurations parfaites, mais les pâtisseries Ladurée ont fini par avoir raison de sa ligne malgré ses régimes à répétition. À sa pause, tous les jours à la même heure, Tatiana traverse la rue Royale et va s'acheter son goûter préféré : des macarons à la fleur d'oranger. Légèrement craquant à l'extérieur et moelleux au milieu, ils fondent en deux secondes dans sa bouche. Elle les tient délicatement entre ses ongles manucurés et ferme les yeux lorsqu'elle croque sa première bouchée, suivie d'un « hmmm » de plaisir. Un délice qu'elle essaie de limiter à trois portions seulement, pas plus, sinon elle n'arrive plus à s'arrêter.

– Et voilà, j'ai fini ! Il faut que je garde la ligne, dit-elle en se léchant les doigts.

– Fais attention à tes poignées d'amour ! la taquine Florent.

– Oh, arrête ! Il faut bien se détendre un peu… Tu te rends compte qu'on ne s'assied jamais, pas une seconde dans la journée. On se lève de notre lit le matin et on ne se rassied que le soir à la maison ! Mais c'est dingue, ce boulot, quand même ! On est constamment sur nos jambes à piétiner sans interruption, huit heures par jour. Ces petits macarons, c'est ma minute de plaisir, mon antidépresseur !

De mon côté, j'accumule les heures supplémentaires. Le planning du magasin est constamment surchargé de diverses soirées à thème, de soldes privés, d'ouvertures le dimanche ou de nocturnes en tout genre. Je sais, j'ai accepté de jouer le jeu et de ne pas regarder ma montre. Je me suis jetée dans ce boulot à corps perdu, travaillant aussi les jours fériés et accumulant les heures. Je viens travailler, bien qu'épuisée, sous la pression tacite de la direction. Lorenzo use de divers stratagèmes dont la flatterie, pour nous faire plier.

– Charlotte, vous qui êtes irremplaçable, je compte sur votre présence dimanche prochain. Nous avons besoin de nos meilleurs éléments !

Je fais un dernier effort. Un de plus. Les heures supplémentaires ne sont pas payées, mais récupérables. Aujourd'hui je comprends pourquoi les vendeurs s'acharnent à tout prix à reprendre ce temps « volé ». Mais ils se heurtent à un mur. Lorenzo et Antonia font souvent obstacle à leur demande et, lorsqu'il faut aller frapper à leur porte pour demander une journée de récupération, elle est souvent fermée.

– Charlotte, vous pourrez faire la livraison au Plaza après la fermeture du magasin ?

– Heu… oui, mais est-ce que je pourrai prendre un taxi ?

– Mais… vous n'avez pas de passe Navigo ?

— Cessez de vous plaindre sans arrêt, s'énerve Mélany. Vous croyez qu'ils se plaignent, les gens, en Afrique ? Hein ? ! Ils aimeraient bien pouvoir en faire, des heures supplémentaires, eux !

J'exprime rarement le fond de ma pensée, même si je bouillonne intérieurement. J'observe les différentes situations, silencieuse, comme une enfant, parfois effrayée de ce que j'entends. Immobile et impassible, je contiens mes émotions, refusant de les laisser transparaître. Faire comme si rien ne me touche ou ne peut m'atteindre. Une absence de réaction que mon entourage perçoit comme de la tranquillité. Il émane de moi un calme de façade, un semblant de sagesse qui, aux yeux de mes supérieurs hiérarchiques, me pare d'une auréole d'ange.

Comment répondre aux remarques déplacées des clientes ou de ma responsable ? Ai-je le droit de rétorquer quoi que ce soit, moi qui suis avant tout là pour servir ? Je fais figure de bonne élève sérieuse et polie. Est-ce mon uniforme qui me transforme ainsi ? Jour après jour, je m'écrase, résignée.

Octobre

— Dans la vie, il y a deux types de personnes, celles qui tiennent le pistolet et celles qui creusent ! dit Mélany.

Dix mois. L'année avance et je me démarque des autres employés par mon chiffre d'affaires et ma capacité à atteindre mes objectifs. Je continue petit à petit mon ascension. Contrairement à mes collègues, qui impriment soigneusement la copie de leurs factures afin de totaliser leurs résultats au jour le jour, je sais rarement où j'en suis de ma progression. J'avance au gré du vent sans vraiment calculer quoi que ce soit. Je suis devenue plus sereine. La file d'attente de mes clientes s'allonge et mon carnet de commandes s'étoffe. Je vais à mon rythme sans me rendre compte que je double tout le monde. Quelques remarques çà et là me font réaliser mon avancée sans que je prenne jamais tout cela bien au sérieux. Comme mes talents commencent à être reconnus, je reçois régulièrement les compliments de la direction. Lorenzo me félicite de plus en plus souvent et me cite comme exemple en réunion. Ironie du sort. Je suis gênée, ne voulant pas être remarquée ni susciter de jalousies. Je suis devenue l'exemple à suivre ou l'employé du mois qui mérite son portrait encadré au mur, au-dessus de la caisse. Mon assiduité et ma patience ont porté leurs fruits et j'ai réussi à me constituer, essayage après essayage, une clientèle fidèle. Mais je préfère la discrétion et me moque éperdument de la reconnaissance. La course au podium ne me concerne pas et la place de « l'employé du mois » encore moins. Je suis à mi-chemin entre la relookeuse et la thérapeute de luxe.

– Bravo, miss ! Avec un score pareil, tu vas prendre la place de Mélany !! s'exclame Chris.

Chaque soir, elle continue d'écouter le récit de mes journées avec amusement. Néanmoins, je n'arrive pas à comprendre comment j'en suis arrivée là. Je suis devenue la vendeuse numéro trois, réalisant un chiffre d'affaires conséquent au prêt-à-porter femme. Un nombre à six chiffres… Mirifique !

— Écoutez, madame Ribelli, je vous assure que vos robes ont bien été livrées aujourd'hui chez vous.

— Mais enfin, Charlotte, puisque je vous dis que je n'ai rien reçu !

— J'ai pourtant le bon de livraison signé sous les yeux…

— Mais il a été signé par qui ? Vous savez combien de personnes travaillent chez moi ? Entre la femme de ménage, le cuisinier, le chauffeur, la nounou et le *coach*, je suis complètement perdue !

Mercredi. Mme Morris s'avance vers moi, un reste de sucre glace coincé à la commissure des lèvres.

– Oh, mon Dieu, j'ai mangé comme une cochonne, dit-elle en passant devant le miroir.

Le jour des enfants, elle s'offre sa dose hebdomadaire de glucose à l'heure du goûter. C'est une entorse à son régime draconien qu'elle ne s'accorde qu'une fois par semaine. Elle craque souvent pour le mille-feuille aux framboises de Ladurée et traverse alors la rue pour nous rendre visite. En vadrouille vers le département prêt-à-porter femme, elle survole les portants en mode pilote automatique.

– Oh, j'en ai marre, il n'y a rien de nouveau, c'est toujours la même chose !

– Mais, madame Morris, vous êtes déjà passée hier…

Son visage, entièrement recouvert de minuscules croûtes, me fait faire un pas en arrière lorsque je m'approche pour la saluer.

– Mais ne vous inquiétez pas, je ne suis pas contagieuse ! J'ai fait ma séance de laser ce matin.

– Ah, c'est donc ça… ! dis-je un peu gênée.

– J'essaie de me débarrasser de mes taches de vieillesse. Vous voulez que je vous donne l'adresse ?

– ... ?

– Vous avez beaucoup de taches de rousseur...

– ...

Je sens qu'elle tourne autour du pot et cherche à se confier à moi.

– Vous ne trouvez pas que j'ai changé dernièrement ?

Elle a un léger rictus et je ne comprends pas tout de suite le sens de sa question. Je cherche un indice sur son visage sans rien déceler de particulièrement probant.

– Alors, vous ne remarquez rien ? !!

– ...

– Eh bien, je fais maintenant un 95C ! me lance-t-elle d'un air enjoué.

– Ah... C'est bien ce qui me semblait..., dis-je, hébétée.

– Figurez-vous qu'ils se sont trompés d'une taille ! m'avoue-t-elle en riant.

– Nooooon !

– ... Alors j'ai négocié en échange une promotion sur la liposuccion !

– Ah, vous êtes courageuse, il paraît que c'est très douloureux...

– Oh ! lala ! Oui, ne m'en parlez pas, ça a été l'horreur ! Mon Dieu, qu'est-ce que j'ai souffert ! Mais vous savez, entre nous, tout ça je l'ai fait pour mon mari... C'est lui qui me l'a demandé. Après plusieurs années de mariage, quand vous voyez que votre homme insiste toujours sur le même sujet, il ne faut pas hésiter. La tentation est partout, vous savez ! Enfin bon, bref, nous on est teeeellllleeement heureux ensemble !

Elle continue sur un ton jovial et, bien qu'elle soit déjà passée la veille, me demande de lui montrer les nouveautés. Je m'exécute mollement et commence un tour de piste, un peu abasourdie par cette protubérance de silicone. Elle regarde tout ce que je lui présente avec un sourire figé, comme si elle se trouvait sous Prozac. Sans doute subit-elle encore l'effet des analgésiques. Elle veut savoir si j'ai reçu des petits hauts décolletés, qui mettront en valeur sa nouvelle silhouette. Je lui descends différents modèles de la réserve et elle commence à dégrafer son chemisier au milieu du salon VIP, devant l'ascenseur, sans même aller se changer dans les cabines. Elle reste dressée là, comme une *bimbo,* s'exhibant avec son soutien-gorge post-opératoire et ses ecchymoses. Je sais que ce petit jeu n'est fait que pour susciter l'admiration et qu'elle est juste là pour me faire perdre mon temps. Ce *strip-tease* est le premier d'une longue série à venir où elle va enfin pouvoir exhiber sa poitrine sur les plages de Saint-Trop ou d'ailleurs. Un symptôme assez banal de nos jours.

Soudain, une odeur nauséabonde se propage autour de nous. L'ombre de Momo, l'agent de sécurité, vient de glisser le long du mur. Marchant sur l'épaisse moquette moelleuse, il se déplace toujours à pas de velours comme un gros chat de gouttière. Momo apparaît puis disparaît en silence. Caché au détour d'un couloir ou tapi derrière une porte, il sillonne la boutique dans ses moindres recoins à l'affût des voleurs, en toute discrétion. En quelques secondes, l'espace est devenu irrespirable, une véritable puanteur. Nous sommes en apnée. L'air du salon privé est maintenant intenable et Mme Morris me regarde, suspicieuse :

– Mon Dieu, mais… quelle est cette odeur ?

– Comment ? dis-je pour gagner du temps.

– C'est une infection ! Vous ne sentez rien ?

– Ah oui, en effet… Mais d'où cela peut-il bien provenir… ? On dirait une odeur d'égout… Ça doit être la climatisation…

– Oh, mon Dieu, c'est à vous étouffer… Oh, je suis désolée, mais je ne peux pas rester une minute de plus !

Elle boutonne son chemisier, appuie sur le bouton de l'ascenseur et s'éclipse comme un courant d'air. J'ai à peine le temps de m'excuser pour ce désagrément qu'elle s'est volatilisée. Momo a réussi à la faire fuir comme un insecte, d'un coup de pesticide. Merci !

L'évaluation individualisée des performances pèse sur les épaules des vendeurs. Leurs résultats, constamment évalués et classés selon une grille allant du meilleur au plus mauvais, les maintiennent dans une inquiétude permanente et une angoisse latente. Peur de ne pas y arriver. Peur de ne pas tenir les objectifs. Peur de la hiérarchie. Peur du licenciement… L'esprit d'équipe se dilue au fur et à mesure que l'année avance pour faire place à la loi du « chacun pour soi ». Pris dans cette course à la performance et portés par un élan de compétition, les vendeurs en oublient parfois le sens de la solidarité pour se retrouver finalement seuls face à l'adversité.

Mélany me convoque à mon entretien d'évaluation. Elle s'installe dans le bureau et referme la porte. Elle branche sa clef USB sur l'ordinateur, ouvre le logiciel et prend une gorgée de café.

– Avant de vous donner vos résultats, j'aimerais refaire avec vous un point sur votre parcours depuis votre arrivée. Malgré votre niveau de « débutante », vous avez su évoluer rapidement au sein du groupe et trouver votre place dans le palmarès des vendeurs. Évaluer vos performances va permettre d'établir, dans un premier temps, votre sens du *leadership* et votre efficacité, puis votre connaissance du travail et enfin vos objectifs quantitatifs. *Ready** ?

– Oui.

Elle double-clique et ouvre son document. Un tableau Excel rédigé sur plusieurs pages s'affiche. Elle commence à le commenter, ligne par ligne.

– Je peux dire que votre assiduité et votre ambition vous ont permis d'avancer et d'effectuer un très beau chiffre d'affaires cette année. Votre progression au cours des derniers mois est remarquable et vous avez su vous imposer sur le *floor*. D'autre part, la liste exhaustive de votre carnet d'adresses montre la fidélisation que vous avez développée auprès de vos clientes grâce au CRM. Je peux donc dire aujourd'hui que vous avez su faire vos preuves et démontrer que vous étiez un élément indispensable au prêt-à-porter femme. Enfin, sachez que la valorisation des employés est l'un des enjeux majeurs de notre groupe. Nos *carreer conferences* nous permettent d'identifier nos meilleurs éléments et d'appliquer la stratégie de Montezzo basée sur l'évolution de l'employé et sa rémunération. C'est notre axe de développement. Je vous encourage à

* « Prête ? »

continuer dans cette voie. Je vais transmettre vos résultats à la DRH pour la conclusion finale.

J'attends le moment opportun pour lui parler de mon envie d'évoluer, l'estomac noué et le cœur battant. La mobilité interne de *Visual Merchandiser* monopolise mes pensées depuis trop longtemps et je sais que le poste est toujours vacant. Et si je pouvais enfin arrêter la vente et travailler sur les vitrines ? Je sais que j'en suis capable et que mon expérience au prêt-à-porter femme ainsi que mon passé dans la pub pourraient se conjuguer à merveille. Je décide de me jeter à l'eau et lui expose mon projet avec sérieux et motivation, essayant de garder la maîtrise de mon discours, bien que mon débit de parole s'accélère. Calme, elle m'écoute sans rien dire et note discrètement sur une feuille de papier trois ou quatre remarques. Trente minutes. Mon temps imparti s'est écoulé.

La fin de l'entretien est précis et concis. Mélany me donne son approbation pour déposer ma candidature auprès de la DRH et clôture notre rendez-vous par un sourire. Je suis étonnée de sa bienveillance, m'étant attendue à quelques réticences de sa part. Son sens de l'écoute et son approbation me surprennent. Est-elle prête à me voir partir ? Ma candidature sera donc soumise en haut lieu. Victoire.

Tatiana est particulièrement admirative devant l'ascension fulgurante de Lorenzo. Un matin, elle se lance et lui demande :

— Comment avez-vous fait pour devenir aussi rapidement directeur d'une prestigieuse boutique comme Montezzo ?

— Aaaah ! Tout ce que j'ai, Tatiana, je le dois à mes bijoux de famille ! répond-il en pointant ses deux index vers le bas, en direction de ses testicules.

J'ai rendez-vous au siège social la semaine suivante. La DRH m'accueille dans un ensemble fluide chemise-pantalon de soie Léonard, qui ressemble à un pyjama multicolore. Un énorme sautoir lui descend jusqu'au nombril, avec un pendentif en forme de panthère. Ma ligne préférée chez Cartier. On dirait qu'elle me reçoit en sortie-de-bain dans sa suite, sur la Côte d'Azur. Elle me propose un Coca glacé puis décapsule le sien avant d'en prendre une gorgée qui la fait soupirer de soulagement :

– Mon Dieu, quelle chaleur !

Elle me raconte alors ses vacances à Capri. Sa virée en bateau par quarante degrés, ses coups de soleil, son parcours professionnel, puis sa vie, entière et romancée. Je regarde discrètement ma montre. Les rôles s'inversent et j'écoute ses bla-bla dans le vacarme de la circulation, les fenêtres grandes ouvertes sur l'avenue Montaigne. Cet entretien quelque peu décousu me désempare. Je n'ai réussi à placer que deux ou trois phrases. Toujours plongée dans l'évocation de son voyage, elle termine d'aspirer les dernières gouttes de son Coca, se plaignant à nouveau de la chaleur :

– Oh ! lala ! On étouffe, non ? Écoutez, dit-elle pour conclure, j'ai pris note de vos intentions et tout informatisé. Mélany reviendra vers vous à ce sujet dans une semaine environ.

– Et… au sujet de mon treizième mois… Mélany m'a dit que…

– Si vous voulez un treizième mois, c'est simple, vous n'avez qu'à calculer votre salaire annuel et le diviser par treize !

Elle conclut l'entretien en s'épongeant le décolleté avec son mouchoir.

Je la salue et, en me levant pour partir, j'aperçois dans le reflet de la fenêtre qu'elle consultait sur son écran d'ordinateur un site immobilier tout au long de notre entretien.

Groupe WLG

Communiqué de presse

Chers collaborateurs,

Les résultats de WLG sont en progression par rapport à 2010, qui avait été une année record pour le groupe. 2011 a été une année formidable pour Montezzo dont le chiffre d'affaires a atteint 3 568 millions d'euros. Bravo à tous.

Résultats 2011

Nouvelle amélioration des performances opérationnelles et financières.

Croissance soutenue du chiffre d'affaires :

WLG affiche ainsi un chiffre d'affaires de 23,2 milliards d'euros en progression de près de 9 % en réel.

Les marques de luxe ont affiché des performances remarquables dans toutes les zones géographiques, avec une hausse spectaculaire de près de 18 % du chiffre d'affaires.

Novembre

— Regardez ma jolie cravate, les filles ! nous lance Lorenzo.

— Whaou ça c'est de la couleur !! s'exclame Florent avec ironie.

— Quoi ?… Ça ne me va pas… ?

— … Comme un œil au beurre noir au milieu de la figure !

En cette période de fête, les vitrines clignotent au rythme des chants de Noël, attirant les touristes comme des insectes vers la lumière. La boutique regorge de monde et l'on voit déferler une clientèle surchargée de *shopping bags* estampillés de logos prestigieux. Le magasin Montezzo de la rue du Faubourg-Saint-Honoré est une véritable mine d'or et les convoyeurs de fonds viennent régulièrement vider la caisse. Beaucoup d'étrangers écoulent une partie de leur argent en liquide, sans aucune limite. Le chiffre d'affaires journalier d'un *flagship* de cette envergure est démentiel et je m'étonne qu'il n'y ait jamais de braquage.

Nous sommes fouillés tous les soirs à la sortie du magasin. Chargé de vérifier le contenu des sacs à main du personnel, Djamel se croit toujours en mission de haute surveillance, scotché à son oreillette comme s'il était en filature. La rumeur dit que la recrudescence des vols est imputable aux employés. En effet, les vendeurs cèdent parfois aux tentations qui s'offrent à eux, abusant de la confiance qui leur est faite. Les vols internes sont donc la cible numéro un des agents de sécurité et la fouille, une procédure à laquelle aucun vendeur ne peut échapper. La sentinelle des agents de sécurité est aux aguets.

– Allô, Patrick, tu m'entends, ici Djamel, terminé.

– Ici Patrick, j'écoute, terminé.

– Il y a une urgence. Je viens d'intercepter un suspect, tu peux venir immédiatement, terminé.

– Très bien, j'arrive tout de suite. Terminé.

Olga, notre petit page, est assise sur une banquette, les yeux baissés comme une enfant punie. Djamel vient de fouiller son sac et a découvert deux paires de chaussures dissimulées au fond. Objets du délit. Sur le banc des accusés, Olga pleure en silence et attend l'arrivée de Lorenzo. Olga, une voleuse ? Elle bafouille sans trouver les mots justes pour sa défense et tente de s'expliquer, mélangeant les faits et sanglotant. Qui aurait pu soupçonner ce visage d'ange aux grands yeux clairs ? Que s'est-il passé dans la tête de cette jeune fille exemplaire ? Elle est amenée « en garde à vue » dans le bureau de Lorenzo. Il écoute sa déposition le visage crispé, sans rien dire. Antonia, consternée, tape le compte-rendu à la virgule près sur son ordinateur.

Personne ne sait exactement quelle a été la sentence, mais Olga n'a pas remis les pieds au magasin le lendemain. Jamais plus d'ailleurs. Quant à Mélany, elle n'a pas voulu nous éclairer sur cet incident. Olga est un mauvais petit soldat dont elle ne veut plus entendre parler. Le mois suivant, lors de l'inventaire du stock chaussures, il manquait dix-huit paires.

— … Tic et Tac, ça serait un bon déguisement pour la prochaine Gay Pride, murmure Florent d'un air songeur.

La place de la Madeleine est couverte de neige. Je regarde les flocons tomber lentement et les voitures se déplacer sur l'épais tapis blanc. En quelques heures, le mauvais temps a assombri le ciel et les nuages semblent se décomposer en miettes de pain qui flottent dans l'air. La bande-son du magasin passe du Frank Sinatra, l'année va bientôt s'achever.

Dès l'aube, la boutique est envahie de touristes venus faire leurs achats de dernière minute. Tatiana est appelée en renfort à la joaillerie. Ce département est très prisé pendant la période des fêtes et l'on y vend des bagues et des montres comme on distribue des pochettes-surprises. N'étant pas très à l'aise au milieu de l'or et des diamants, elle redoute qu'on ne lui pose des questions techniques sur la facture des bijoux ou le nom des pierres. Mais, heureusement pour elle, ces achats précipités se font toujours dans un vent de panique.

– Des bagues, vous avez des bagues ? Et des colliers, vous avez ?

Tatiana voit arriver M. Owen et sa femme, directeur France chez Montezzo. Tatiana la connaît très bien, car elle vient toutes les semaines nous rendre visite et se servir au prêt-à-porter comme dans son dressing personnel. Toujours accompagnée de Cachou, son teckel noir à poil ras, elle lui fait un grand sourire et s'avance directement vers Tatiana, suivie de son mari.

– Bonjour, Tatiana, vous allez bien ?

– Bien, merci. Bonjour, monsieur Owen.

– Je cherche un cadeau pour mon assistante, commence le directeur. Elle fête ses quinze ans de service à mes côtés et je voulais voir ce que vous aviez comme montre à nous proposer.

– Très bien, monsieur, asseyez-vous, je vais vous chercher la collection.

Tatiana fait une première sélection et apporte le plateau recouvert de velours sur lequel elle a disposé les montres. Devant le directeur, elle prend également soin de revêtir ses gants blancs – ce dernier accessoire a finalement été voté suite au *Selling Guide*. Il regarde la collection sans trop réagir alors que sa femme prend plaisir à jouer à la marchande. Mais il ne semble pas convaincu. Il affiche une moue sceptique sans vraiment s'exprimer, puis lance :

– Je ne suis pas sûr que ce soit son style…

– Ah, vraiment ? réplique sa femme d'un air surpris.

– Je ne sais pas trop… » soupire M. Owen. Il marque un temps d'arrêt puis se tourne vers son épouse. « Pourquoi tu ne lui offrirais pas ta montre avec le bracelet bleu ? » propose-t-il à mi-voix.

Tatiana fait semblant de ne pas entendre et plonge le nez dans les tiroirs.

– Laquelle ? demande sa femme, intriguée.

– Mais enfin… Celle que tu ne mets plus depuis des lustres et que t'avait offerte le comité d'entreprise à Noël.

– Aaah, celle-là… C'est vrai que ça fait longtemps que je ne la porte plus… Mais le verre est vraiment rayé, tu sais.

– Ça ne fait rien, enfin ! Tu la rapportes au magasin et je suis sûr que la demoiselle peut te le changer, n'est-ce pas, mademoiselle ?

– Oui, bien sûr, monsieur Owen.

– Tu vois, elle sera comme neuve… !

– Bon, bon… D'accord, faisons comme ça alors…, conclut sa femme. Je vous la rapporterai cette semaine.

– Pensez-vous que vous pourrez aussi me l'emballer dans une nouvelle boîte ? demande le directeur.

– Bien sûr, monsieur Owen, je ferai un emballage cadeau, elle sera comme neuve.

– Parfait. Tout cela est parfait, dit-il en partant.

— Allô, Charlotte ? Bonjour, c'est madame Mendy, je ne vous dérange pas ?

— Pas du tout, madame Mendy. Vous tombez bien, je comptais vous appeler au sujet de vos robes en réservation...

— Oh, vous savez, je vais tout annuler... J'ai eu un accident de voiture en montagne...

— Comment ?! Mais est-ce que ça va ? Rien de grave, j'espère ?

— Non, mais j'ai eu très peur... Je porte une minerve et je ne peux pas trop bouger.

— Oui, je comprends...

— Vous savez, entre nous... Je crois que je me suis fait marabouter..., chuchote-t-elle.

Mme Fisher est connue comme le loup blanc, rue du Faubourg-Saint-Honoré. Elle quadrille le secteur de long en large à l'affût des nouveautés et s'arrête dans chaque boutique pour faire des achats. Veuve d'un ancien dirigeant du groupe, elle bénéficie à vie d'une réduction de cinquante pour cent, sans exception. Elle a aussi le droit de cumuler sa réduction avec la démarque supplémentaire de cinquante pour cent pendant les soldes, ce qui fait qu'elle achète tout au quart du prix. C'est la raison pour laquelle Mme Fisher vient nous rendre visite aussi souvent. Chaque semaine plus exactement. Son heure de passage se situe entre midi et quatorze heures. Constamment au régime, elle évite à tout prix de se retrouver chez elle à l'heure du déjeuner, le corps et l'esprit occupés à dépenser, loin des tentations que recèle sa cuisine. Voilà pourquoi ses visites coïncident toujours avec nos heures de pause.

– Apportez-moi un Coca light, je meurs de faim ! demande-t-elle en arrivant d'un air nonchalant, prête à tomber d'inanition.

– Voulez-vous qu'on mette les articles de côté en attendant que vous alliez déjeuner, madame Fisher ?

– Mais non, voyons, vous savez bien que je ne déjeune jamais !

Une technique qui certes a fait ses preuves puisque, du haut de son mètre soixante-dix-huit, Mme Fisher est filiforme, à la limite de l'anorexie. L'épaisseur de ses cuisses effilées équivaut à la largeur de mes mollets et j'ai du mal à la regarder se déshabiller. Difficile aussi de lui donner un âge. Sa peau tannée comme du cuir plisse en cascade sous son cou et ses genoux comme un pyjama de chair. Très âgée sans aucun doute, elle fait partie de la grande famille des siliconées et autres spécimens du même genre. Bronzée aux UV et portant des lentilles de contact de couleur fauve pour rehausser son regard, elle a la peau marron orangé comme celle de Donatella. Sa chevelure rousse, volumineuse et statique, brille sous les spots comme un cocon de soie incandescent. Aujourd'hui, elle s'est déguisée en Lolita avec des bottes noires à talons, une minijupe plissée, une large ceinture Balmain à la taille et un perfecto en cuir Montezzo. Une panoplie cousue d'étiquettes de luxe typique de l'« intoxication » vestimentaire dont ces clientes sont atteintes. Ses visites hebdomadaires sont toujours accompagnées d'Aristote, son chien microscopique qui fait régulièrement ses besoins sur la moquette du magasin comme s'il s'agissait d'une litière géante.

– Oooh, fais attention, Aristote, allez, viens, chéri, viens voir maman !

Le prédécesseur d'Aristote est mort en tombant du haut d'un trottoir sur le bitume, terrassé par une crise cardiaque en plein Paris. Mort sur le coup. Un drame pour Mme Fisher qui, incapable de se consoler, s'est racheté exactement le même modèle. Aristote a donc remplacé Platon. Elle a finalement fait son deuil assez rapidement en reportant son amour sur Aristote de façon démesurée. En plus du prêt-à-porter où elle débourse pour elle-même des sommes pharaoniques, les accessoires pour chien sont devenus sa révélation. 11 000 euros dépensés en quelques mois pour son toutou. En effet, Aristote a droit chaque semaine à un nouveau colifichet. Un sac de voyage pour partir en week-end, un pendentif pour son anniversaire, un imper pour les jours de pluie, une laisse sertie de diamants pour les vernissages, un cadre photo pour y mettre sa frimousse, un bob pour les jours de canicule, des chaussettes pour l'hiver, une balle en cuir pour se distraire ou une gamelle en argent gravée avec ses initiales AF – Aristote Fisher. Rien n'est trop beau pour lui et tout le catalogue y passe.

– Surtout, prévenez-moi dès que vous avez des nouveautés. Ce petit coquin use tout si rapidement !

Je m'applique à servir une coupelle d'eau fraîche à Aristote chaque fois qu'il nous rend visite. J'exécute à la lettre le *Selling Guide* qui nous a enseigné à apporter à boire à tous nos clients et de servir leurs animaux de compagnie avec les mêmes égards. Bientôt nous leur proposerons des collations en plus des boissons. Menu Waf au programme.

La vacuité de son emploi du temps lui donne souvent l'air endormi et Mme Fisher est lymphatique, voire amorphe. Je constate que ses chauffeurs se succèdent les uns après les autres au rythme de ses humeurs. Seule sa Jaguar traverse le temps, se garant toujours aux portes du magasin. La portière de sa voiture laquée noire s'ouvre et elle en sort comme d'un caveau, ranimée par la ferveur du shopping. Nous savons qu'elle nous prépare une surprise depuis quelques mois et c'est devenu notre unique sujet de conversation. Toute l'équipe a hâte de savoir de quoi il s'agit.

– Tu penses qu'elle va nous offrir un cadeau à Noël ? demande Tatiana.

– On peut s'attendre à tout..., répond Suzanne.

– Tu crois encore à la Mère Noël, ma chérie ! dit Florent.

Le hasard fait bien les choses puisque, ce jour-là, nous sommes au complet lorsqu'elle arrive. Moment d'excitation et trépidation. Mme Fisher se présente dans notre département, un gros paquet entre les mains.

– Tenez, voilà, c'est pour vous ! C'est le cadeau dont je vous ai parlé, je l'ai enfin terminé.

Elle le tend fièrement à Florent qui s'en empare délicatement. Le suspense est intense et nous brûlons tous de savoir ce que cache cet emballage.

– Allez, allez, ouvrez-le ! C'est pour vous, enfin ! s'exclame-t-elle avec un grand sourire.

– Vas-y, Florent, à toi l'honneur, dit Tatiana.

Florent retire lentement le bolduc de l'emballage, les mains fébriles. La tension est à son comble. Je sens Tatiana s'agiter dans mon dos. Elle se tient perchée sur la pointe des pieds afin de mieux voir par-dessus mon épaule. Paloma est serrée contre moi et me pousse pour regarder. Enfin, Florent retire le papier et découvre lentement un épais livre noir. Il n'y a rien d'inscrit sur la couverture. Je lis la déception sur le visage de Paloma et Tatiana. Florent est crispé et se pince les lèvres, nerveux comme à son habitude. Qu'il éclate de rire et j'explose immédiatement. Mme Fisher se tient silencieuse devant nous, les yeux remplis d'émotion. Florent tourne la première page. En préambule se trouve une photo d'Aristote avec un bonnet de bain sur la tête. Réaction instantanée. Florent commence à sourire. Quant à Tatiana, elle part comme une flèche se réfugier dans le bureau. Paloma, elle, affiche immédiatement ses dents du bonheur. Seule Suzanne reste impassible derrière ses lunettes double foyer, un brin atterrée, comme blasée...

– Aaaah, il est drôle, mon bout de chou, n'est-ce pas ! J'étais sûre que ça vous plairait ! J'en étais sûre ! exulte Mme Fisher.

Florent commence à tourner les pages. Tout l'album se poursuit sur le même thème : Aristote à la mer, Aristote au restaurant, Aristote soufflant ses bougies d'anniversaire, Aristote au parc, Aristote sur le plongeoir de la piscine, Aristote à la neige, Aristote à la montagne, Aristote au nouvel an, Aristote à Marrakech. Inlassablement. Aristote est photographié sous tous les angles, arborant chaque fois un accessoire de la maison Montezzo. Un vrai catalogue de mode pour chien de luxe. Un fou rire s'installe. Florent a du mal à tenir l'album. Difficile pour moi de me contenir, je suis écarlate et ricane bêtement sans pouvoir m'arrêter.

– Alors là, bravo ! intervient Tatiana en s'essuyant les yeux. Franchement, ça fait longtemps que je n'ai pas vu quelque chose d'aussi drôle ! Vous nous aviez parlé d'un cadeau, mais là, c'est tout simplement une pièce unique, madame Fisher, quel album ex-tra-or-di-naire !

– Quel travail d'observation et quelle patience ! Combien de temps vous a-t-il fallu pour le réaliser ? demande Florent en s'essuyant les joues.

– Oh, presque un an, mais, vous savez, on s'est beaucoup amusés avec Aristote. C'est un partenaire fantastique, un vrai travail d'équipe, quoi ! Je tenais tellement à ce que ça vous plaise et je vois que c'est réussi. Je suis si contente !

– Quelle publicité pour la maison, ajoute Florent.

– Il ne vous manque plus que la photo de couverture ! dis-je en souriant. Aristote en train de faire son shopping chez Montezzo par exemple ?

– Ah oui… Oui… Mais c'est une bonne idée ça, pourquoi pas… Ça serait parfait, comme introduction ! J'ai mon appareil photo numérique dans mon sac, faisons-la maintenant si vous voulez ! Qu'en pensez-vous ? Hein ? C'est Lorenzo qui va rire !

Mme Fisher fouille au fond de son sac et en sort son numérique. Elle place Aristote dans les bras de Florent.

– Eh merde, il faut encore que ça tombe sur moi, glisse-t-il à mon oreille. Je vais être couvert de poils !

– Allez, Suzanne, rapprochez-vous un peu, vous êtes hors champ ! lance Mme Fisher.

Nous prenons la pose rapidement autour de Florent. Mme Fisher règle son cadrage.

– Je vais le mettre en mode retardement, comme ça je pourrai me joindre à vous. » Elle place l'appareil sur une étagère et court nous rejoindre. « Allez, les jeunes, resserrez-vous plus autour de lui, ça fera une photo de famille ! Allez, Aristote, fais un sourire à maman ! Attention, vous êtes prêts ? Trois, deux, un…

— Qu'est-ce que tu m'donnes si j'te lâche un scoop ? me demande Patrick devant le distributeur de gâteaux.

— Une invitation aux soldes privés Dior…

— Bah, ch'porte pas de fringues de marque, tu sais.

— Une place de ciné… ? Deux tickets resto ?

— C'est un méga scoop, tu sais… Explosif ! dit-il en croquant son Twix.

— OK, va pour trois tickets… Bon, alors, c'est quoi ton scoop ?

— J'me tape Antonia !

— Quoooоiii ? ! dis-je en m'étouffant presque.

— Allez, envoie les tickets resto, ce soir j'me fais l'menu Bucket chez KFC !

Noël approche et les responsables préparent leur voyage en Italie pour le bilan annuel. C'est la période où le magasin se vide de sa hiérarchie et où les vendeurs demeurent livrés à eux-mêmes. C'est pour nous le temps de la détente et des blagues. Les caméras de surveillance ne nous épient plus et les réflexions d'Antonia concernant nos uniformes ont disparu. C'est souvent pendant ces fins de saison que les vendeurs s'amusent à créer des jeux de rôles où ils incarnent les personnages les plus délirants. Le personnel se relâche.

Paloma, la mascotte du magasin, aime tout particulièrement se déguiser en riche Brésilienne. Elle s'enferme dans les cabines pour passer l'intégrale de la collection et choisit la tenue la plus racoleuse qui correspond à son état d'esprit du moment. Après une demi-heure passée à essayer des looks divers et variés, elle opte pour une tenue aguicheuse sous le regard aiguisé de Florent. Paloma excelle dans ce rôle, un personnage dans lequel elle se métamorphose en quelques secondes. Elle pousse la porte des cabines comme on soulèverait un rideau rouge et sort du salon d'essayage, emmitouflée dans un énorme manteau de fourrure. Ensorcelleuse. Tatiana, Suzanne et moi l'acclamons haut et fort. Elle se déhanche et se pavane devant le miroir en déambulant de long en large comme sur un *catwalk*. Conseillée par Florent, devenu son *coach* pour l'occasion, elle demande qu'on lui apporte une paire de bottes en croco sur lesquelles elle se dresse fièrement. Avec un *sex appeal* qui frôle l'indécence, elle s'agrippe à une minaudière cloutée or attachée à son poignet par des menottes comme à un *sex toy*. Relookée à outrance, elle totalise sur elle un montant d'environ 80 000 euros. Sous son renard argenté, elle choisit une robe qui souligne ses formes et met en valeur sa poitrine compacte et généreuse. Un abîme de séduction fait converger tous les regards sur elle. L'euphorie générale s'installe et les cabines se changent en coulisses de cabaret. Suzanne et moi montons la garde et guettons la clientèle. Nous appelons par téléphone les autres vendeurs du magasin pour qu'ils puissent assister, chacun à leur tour, au spectacle. La visite est gratuite et le show improvisé. Tout le magasin se bouscule pour admirer Paloma jouer à la perfection le rôle de la multimillionnaire, sous les encouragements de Florent. Irrésistible !

– Viens, Palou, je vais t'accompagner dans le magasin ! lui propose Florent.

– Mais té fou, si les clients nous voient comme ça !

– Mais aucun d'entre eux n'est censé savoir que tu es vendeuse, enfin !

– Allez, Palou, on va se marrer ! Tu n'as qu'à tout simplement continuer à jouer la comédie et à faire comme si tu étais une cliente, lui dis-je.

– C'est parti ! s'écrie Florent.

Suzanne reste pour surveiller le *floor* et nous partons en file indienne exhiber Paloma comme une diva. Florent, surexcité, joue le *personnal shopper* à la perfection.

– Occupez-vous de madame, c'est une très bonne cliente brésilienne, glisse-t-il aux autres vendeurs complices de la supercherie.

Tous les clients présents fixent Paloma et ses jambes d'athlète, médusés par sa silhouette chatoyante. Intrépide, Paloma est splendide à voir, pimpante et drôle. Turbulences. Quelques vendeurs pouffent discrètement de rire alors que d'autres s'écrient :

– Aaah, bonjour, madame Dos Santos, vous avez fait bon voyage ? !

– Quel plaisir de vous revoir parmi nous…, salue un autre.

Et le fou rire repart de plus belle. Florent continue sa mission d'accompagnateur avec le même sérieux que lorsqu'il conseille ses clientes. Ce petit tour de magasin va durer environ une heure, sur mille cinq cents mètres carrés, des ateliers de retouche à la réserve au sous-sol. La journée est passée à toute allure et ces quelques jours de séminaire en Italie ont été pour nous comme un voyage en première classe à Rio de Janeiro.

— Je vais prendre la bague et les boucles d'oreilles assorties.

— Très bien, monsieur. Je vous fais un paquet cadeau ?

— Heu, oui c'est pour offrir… Mais ce n'est pas pour ma femme, vous comprenez ?

— Bien, monsieur.

— Je préfère vous prévenir car je viens régulièrement chez Montezzo et je suis un très bon client.

— Bien, monsieur.

— Et je vais repasser avec ma femme la semaine prochaine pour son anniversaire… Mais, lorsque vous me verrez, je compte sur vous pour faire comme si je n'étais pas venu aujourd'hui, entendu ?

— Bien, monsieur.

Hormis ses qualités thermiques avérées en période de froid, le manteau de fourrure est surtout l'accessoire indispensable pour s'afficher au Faubourg. Symbole du chic absolu, la fourrure n'a pas d'égal et demeure le summum du luxe. Pelage ostentatoire et volumineux, elle couvre les épaules de toutes les clientes qui poussent la porte du magasin dès que la température chute. On se croirait revenu des milliers d'années en arrière, avec ces femmes qui défilent en peaux de bête et couvertures de poils, comme à l'âge de glace. Il en est de même pour le *it bag* du moment que je vois systématiquement pendre à leurs bras tel un trophée de chasse, porté main ou « bras cassé » – accessoire incontournable pour accompagner leur silhouette *trendy*. Unies par un esprit tribal, les clientes bourgeonnent de sautoirs ou de boucles d'oreilles en forme de trèfles à quatre feuilles.

Mais l'essentiel, le détail ultime, l'indémodable et le *girls'best friend*, est bien sûr le solitaire, le silex rutilant de ces femmes des cavernes !

— Alors, dites-moi, madame Rivière, vous repartez sous le soleil de Dubaï pour vos prochaines vacances ?

— Oh ! lala ! Nooon ! Vous ne savez pas ce que mon mari m'a dit ? : « Écoute, chérie, on voit déjà des étrangers toute l'année en France, alors on va pas encore se coltiner des Arabes en vacances ! »

Il y a des jours où l'on ferait mieux de rester chez soi. Des jours où l'on démarre la machine à café en oubliant sa tasse. Des jours où l'on confond son spray pour les cheveux avec son déodorant. Des jours où l'on se retrouve à attendre le bus avec son sac-poubelle à la main. Bref, ce jour-là, je m'en souviens comme si c'était hier. Tous les vendeurs s'en souviennent d'ailleurs, surtout Hou-chi, le nouveau Chinois recruté à la maroquinerie qui aurait mieux fait de rester couché, lui aussi. Je pensais avoir tout vu et tout entendu dans ce magasin, mais il n'en était rien.

C'est dimanche et les vendeurs sont venus travailler pour être payés double. Aujourd'hui, tout va de travers : la climatisation est en panne, les toilettes destinées aux clients hors service et le frigo vide dès treize heures. Et, pour couronner le tout, le président, sa femme et leur fils arrivent à l'improviste chez Montezzo. Panique générale. Pris au dépourvu, Lorenzo ordonne à Tatiana de courir chez Ladurée acheter des macarons et des boissons fraîches. Quant à Régis, l'agent de sécurité, il en bégaye dans son talkie :

– Ren-rentrez de votre pau-pause-cigarette, les gars. Le big-big boss vient de se pointer, rappliquez !

Lorenzo a le front brillant de sueur et les mains moites. Il ouvre la boîte de macarons, attrape trois verres au passage et ajoute des serviettes en papier.

– Tatiana, vite, vite enfin, un plateau !

– Mais, il n'y en a plus un seul de libre ! Ils sont tous pris par les clients !...

– Bon, décrochez-moi ce cadre du mur, au-dessus de mon ordinateur, enlevez la photo et remettez la plaque en verre... Et voilà, ma belle, un plateau tout neuf ! Bon, où est-ce qu'ils sont passés... Je ne les vois plus sur les caméras...

La femme du président, célèbre actrice hollywoodienne, attire l'attention générale, et les touristes en balade ou les badauds qui croisent son chemin la pistent dans un véritable capharnaüm. En quelques minutes, le magasin se change en parc d'attractions. La star, pour qui jouer la comédie est une seconde nature, pavoise d'un département à l'autre, fidèle à sa réputation. Elle se dandine, essaye chapeaux, foulards, chaussures et sacs, son petit prince de trois ans sur les talons. Éclairée par les spots comme s'il s'agissait de projecteurs, elle parle fort et fait son cinéma. Silence, on tourne !

Certains vendeurs en perdent leurs moyens et n'arrivent plus à détacher d'elle leurs regards pendant que d'autres se précipitent à ses pieds pour la servir. Elle est belle. Elle le sait. Elle est célèbre. Elle fait rêver. Elle est la femme du président et figure parmi les plus grandes fortunes de France. Elle peut tout avoir. Elle a tout. Elle jubile.

Les minutes comptent pour des heures. Lorenzo est au garde-à-vous au rez-de-chaussée. Il joue le garçon de café et fait le service pendant que le président essaye des costumes. À l'étage, le spectacle bat son plein. La star s'éternise.

– Non mais t'as vu comme elle est petite !

– Ouais, c'est vrai, je la voyais beaucoup plus grande…

Elle est au cœur de toutes les discussions. Son manège dure depuis quelque temps lorsqu'elle remarque que son fils, qui l'attend assis sur une banquette auprès de sa nounou, commence à bâiller. Il s'impatiente. Sans hésiter un instant, elle se tourne alors vers Hou-chi qui se trouve près d'elle. Sans doute un peu trop près d'ailleurs, tant il est fasciné par cette icône du cinéma. Elle le dévisage, marque un temps d'arrêt, et lui demande :

– *Could you do the tiger for my son ? I think he's a little bit bored**…

Je n'en crois pas mes oreilles. Le vendeur décontenancé hésite une fraction de seconde. Sous le choc. C'est la « femme du président » qui le lui demande. Que faire ? Il est pris au piège. Arrêt sur image. Il baisse les yeux, inspire, décolle les talons pour plier les genoux. Il s'agenouille. Tout le monde le fixe. Il est à terre. Il lève les avant-bras, courbe les doigts en forme de griffes de part et d'autre de son

* « Pouvez-vous faire le tigre pour mon fils ? Je crois qu'il s'ennuie un peu… »

visage et ouvre la bouche. Il fronce les sourcils, prend un air méchant, découvre ses incisives et rugit :

– Grrrrr… Grrrrrrrrrrr… Grrrrrrrrrrrrrrrrr…

Les autres vendeurs restent figés de stupeur. Personne ne moufte. La star sourit. Le vendeur se relève enfin, tout penaud. Le sketch est terminé. L'enfant l'applaudit. Sa mère applaudit à son tour et lance à Hou-chi, dans un éclat de rire :

– Braaavoooo !! *You're a very good actor* !!*

---

* « Vous êtes un très bon acteur !! »

Décembre

— J'ai une bonne et une mauvaise nouvelle, me dit Mélany. La bonne nouvelle, c'est que nous avons trouvé quelqu'un pour le poste de *Visual Merchandiser*. La mauvaise nouvelle, c'est que ce n'est pas vous.

L'annonce de Mélany me fait l'effet d'un Fulguropoing ou d'un Cornofulgure. Je me décompose avec l'impression de dégouliner en masse informe sur le sol, effondrée. Mon cœur se met à battre si fort que je crois qu'il va se décrocher. Je reste muette, anéantie. Comment peut-on être aussi cruel ? Je comprends ce jour-là que Mélany est faite d'acier, métallique comme une armure recouverte de peau humaine. Sans doute une espèce en voie d'apparition dans ce merveilleux cocon qu'est le monde du travail.

Mélany travaille comme une acharnée et habite l'Ouest parisien. Elle se démarque du reste des responsables par sa ténacité et son endurance. Toujours arrivée la première au magasin, parfois même avant le directeur, elle vient certains matins à sept heures, soit trois heures avant l'ouverture. On la soupçonne d'être insomniaque. L'autre raison, tout aussi probable, serait qu'elle est raide dingue. Raide dingue de Montezzo comme on tombe amoureux, sauf que Mélany ne partage sa vie avec personne. Fardée à la lumière du néon de sa salle de bains, elle a toujours l'air de sortir d'un *after*. Elle a perdu depuis longtemps la fraîcheur de sa jeunesse, la peau masquée par le blush. Collée à son ordinateur et à son BlackBerry, elle passe son temps à taper des *reports* ou à consulter ses mails. On peut la joindre à n'importe quelle heure du jour ou de la nuit, même en vacances. Cela ne la dérange jamais, bien au contraire. Montezzo est son amphétamine, le luxe son ADN. Elle ne prend pas le temps de déjeuner le midi et attrape un sandwich dans le distributeur, qu'elle engloutit en quelques minutes sur un coin de table. La seule bouffée d'oxygène qu'elle s'accorde est celle de la cigarette qu'elle va fumer dehors, rue Royale, avec les autres responsables des boutiques de luxe du quartier. Elles sont connues pour vider la pharmacie du coin en antidépresseurs et être totalement névrosées. Le bruit court que certaines maisons très exigeantes poussent leur personnel au bord de la dépression nerveuse. Agrippée à sa Lucky Strike, Mélany savoure ses volutes de nicotine. Ce nuage de fumée est toujours accompagné d'un espresso, rituel qu'elle répète plusieurs fois dans la journée. Elle en boit des hectolitres comme pour se soûler et oublier le sens de sa vie. Telle est Mélany.

— Charlotte, c'est quoi ce crayon noir que vous avez autour des yeux ? me demande Antonia.

— ... C'est du maquillage...

— On dirait plutôt du camouflage ! Je vous rappelle que vous ne travaillez pas chez « Horreur et Merde » (H&M), ici.

Les dimanches me rappellent mon enfance. L'angoisse du lundi est revenue comme la peur de retourner en classe, comme l'appréhension de voir commencer une nouvelle semaine. En fait, je n'arrive plus à apprécier ce jour de repos qui m'obsède dès le samedi soir. Avant même que nous soyons dimanche, je pense à la vitesse à laquelle cette journée va passer et aux heures qui vont filer à toute allure. Cinéphile invétérée, je fais le plein de films au vidéoclub du coin. J'ai envie de revoir l'intégrale de Woody Allen. Je prépare un saladier de pop-corn puis appelle Chris avant de démarrer ma dernière séance.

– Dis-moi, tu comptes faire de l'élevage de poules de luxe encore longtemps ? me demande-t-elle.

– C'est toujours mieux que de l'élevage de porcs, non ?!

– Non mais sérieusement, la plaisanterie a assez duré, tu ne crois pas ?

Le lundi matin, je ne sais pas où je trouve encore la volonté d'enfiler mon uniforme et de gravir les deux étages qui conduisent au prêt-à-porter femme. Lorenzo croise mon regard et me demande :

– Quelque chose ne va pas, Charlotte ? Souriez, enfin !

Ma démotivation me tue à petit feu. L'absence d'augmentation et de prime annuelle, le miroir aux alouettes, mon ras-le-bol de ce petit théâtre du luxe et pour finir l'annonce de Mélany, tout cela m'a achevée. Je suis fatiguée des discours de Lorenzo, des faux espoirs, des notes du président, de la carotte après laquelle on court et de mes « patientes » qui m'étouffent. Sentiment d'injustice et d'écœurement.

Mais pourquoi les vendeurs manquent-ils autant de reconnaissance ? Montezzo doit penser que le petit personnel de maison ne sert qu'à engraisser les actionnaires. Rien de plus.

Les *briefings* de Mélany me sont désormais inaudibles et je n'y prête aucune attention. Je me moque de tout : téléphoner aux clientes pour leur proposer de venir à notre prochain cocktail, les relancer pour le défilé automne-hiver ou avoir l'air concernée par les bénéfices du groupe. Rien à foutre ! Je décide de ne plus vendre. Les objectifs que nous demande Montezzo sont volontairement inatteignables, alors pourquoi continuer ? Malgré les milliers d'euros que j'ai fait encaisser, je ne toucherai jamais ma prime annuelle. Tatiana, qui a atteint le million d'euros, n'aura rien non plus. Comme aucun d'entre nous d'ailleurs. Pour ma part, j'ai dépassé mes objectifs de trente pour cent, mais ce n'est pas suffisant. La carotte nous passe sous le nez. Je ne ressens que du dégoût, de l'amertume et de l'épuisement. Le dimanche, je ne mets plus le nez dehors. Je dors la moitié de la journée. J'hiberne en attendant des jours meilleurs.

« Je n'ai jamais une minute pour faire des longueurs dans ma piscine », déclare Isabella Canalli, la styliste star de Montezzo, au cours d'une interview.

Une sirène retentit dans mon sommeil. Je suis plongée dans mon rêve quand la sonnerie lancinante finit par me réveiller. Je sursaute et refais surface. Prise de panique, je reconnais l'alarme à incendie du magasin. Je me lève précipitamment des toilettes et rechausse mes escarpins. Ma sieste vient d'être écourtée par ce tapage infernal. La bouche pâteuse et le visage encore endormi, je me passe rapidement de l'eau sur les yeux. En me regardant dans la glace, je constate que ma joue gauche est rouge et granuleuse d'être restée écrasée contre le mur en crépi sur lequel je m'appuyais. Je dévale les marches quatre à quatre et regagne la boutique. Combien de temps ai-je dormi ? Et depuis quand cette alarme sonne-t-elle ? Arrivée sur le département, la sirène me déchire les oreilles.

– Mais qu'est-ce qui se passe ? crié-je dans le vide.

Pas de réponse. Le magasin est désert. Visiblement, tout le personnel a été évacué et il ne reste que moi, piégée par ma micro-sieste. J'entends alors de l'eau couler à flots. Guidée par ce bruit, je découvre que les marches de l'escalier principal sont recouvertes d'un torrent qui déferle en cascade. Une rivière coule au cœur du magasin ! En relevant la tête vers le plafond, j'aperçois des trombes d'eau qui tombent comme d'une fontaine. Une pluie torrentielle digne des grandes eaux de Versailles jaillit du mur. Je prends mon élan et traverse la rivière. Mes chaussures sont totalement immergées. La moquette aspire chacun de mes pas et fait ventouse sous mes semelles. En avançant vers la sortie, j'entends soudain un bruit sourd résonner derrière la cloison du mur. Une voix lointaine se fait entendre et les coups deviennent de plus en plus distincts. Je m'avance, guidée par le son de la voix à laquelle se mêlent les aboiements d'un chien.

– Il y a quelqu'un ? dis-je en m'approchant de la porte de l'ascenseur.

– C'est madame Fisher ! Je suis coincée avec Aristote, sortez-moi de là !

– Je vais tout de suite prévenir la sécurité, madame Fisher !

Arrivée aux portes du magasin, je découvre les camions de pompiers garés au Faubourg. Une foule se masse devant le magasin. Antonia qui compte ses employés un par un me voit tout d'un coup apparaître derrière la vitrine. Stupeur. Sa bouche reste entrouverte comme celle d'un poisson s'approchant du bord d'un aquarium.

– Mais qu'est-ce que vous faites là ? !! Vous n'avez pas entendu la sirène ? hurle-t-elle.

– Si, mais…

– Oh, bon sang, mais ce n'est pas possible !

– Est-ce qu'on peut me faire sortir ? dis-je, toute dégoulinante.

– Mais le système de verrouillage des portes est bloqué… Il faut attendre qu'on coupe l'alarme, enfin merde !

Je tente en vain de me faire entendre de derrière la vitre et d'évoquer Mme Fisher, mais Antonia ne m'écoute pas, agacée et débordée par la situation. Elle reprend le comptage des employés au milieu de toute cette agitation. L'évacuation du personnel a échoué et Antonia, dont la responsabilité est entière, va être sanctionnée. Heureusement pour lui, Lorenzo est en jour de congé. Antonia a laissé par négligence un de ses employés derrière elle, mais surtout l'ex-femme du président, coincée dans l'ascenseur. Une erreur qui aurait pu être fatale en cas d'incendie. Trempée et honteuse, je regarde le bout de mes pieds. Quelle excuse vais-je trouver pour me justifier ? Je tremble à l'idée d'être convoquée dans son bureau.

– Vous pouvez m'expliquer où vous étiez ? me demande Antonia une fois les portes ouvertes.

– Eh bien… heu, en fait… voilà, j'essayais de trouver de l'aide pour sortir madame Fisher de l'ascenseur…

Antonia reste stupéfaite.

– Madame Fisher est restée bloquée dans l'ascenseur ?

– Oui, mais ne vous inquiétez pas, j'ai immédiatement prévenu les agents de sécurité…

Son visage se fige d'effroi. Elle se lève. Le dialogue est immédiatement suspendu. Antonia comprend qu'elle est vraiment dans le pétrin. Lorsqu'une heure plus tard Mamadou et Patrick ouvrent les portes de l'ascenseur avec l'aide des pompiers, ils trouvent Mme Fisher assise par terre à côté d'Aristote qui, affolé par le tintamarre des sirènes, a inondé le sol d'urine.

Je finis la journée dans mes vêtements de ville, ayant abandonné mon uniforme dégoulinant d'eau dans mon casier. Des résidus de peinture blanche se sont coincés dans mes cheveux qui ressemblent à une barbe à papa. Le magasin décide de fermer ses portes une heure plus tôt. Je fais un bout de chemin à pied, histoire de prendre l'air. Le quartier est désert et j'avance sur les trottoirs mouillés de neige, passant devant les décorations féeriques de la place Vendôme. Mon souffle forme un nuage de buée au contact du froid. Le silence et la température de la ville m'apaisent. Je marche jusqu'au Palais-Royal, puis décide de prendre le métro en direction de Bastille. J'entre dans la rame, mon iPod sur les oreilles, quand ce refrain de Tahiti 80 fait écho à ma journée : « *My life is a mess, but just like everybody else I guess**… »

— Tu ne connais pas la dernière ! Il paraît qu'Antonia sort avec Patrick ! s'écrie Tatiana.

— Quoi ? Pauvre Antonia ! Ça ressemble vraiment à un signal de détresse en plein désert ! répond Florent.

Samedi matin. Je n'arrive toujours pas à me faire à l'idée que je travaille le week-end. C'est le jour de la

* « Ma vie est un véritable bordel, mais comme tout le monde, je suppose… »

réunion des employés. Lorenzo va encore me demander la définition du *Cross Selling* et je réciterai ma leçon devant tout le monde. Applaudissements assurés.

– Nous allons accélérer la cadence ! explique Lorenzo. À partir de maintenant, notre *staff meeting* sera quotidien. Vous viendrez donc tous les matins une demi-heure plus tôt pour réviser la stratégie commerciale.

L'alarme de mon réveil sonne comme une bombe à retardement. Je saute de mon lit pour m'enfuir sous la douche. Séchée et habillée, je me fais griller un *muffin* dans la cuisine, suivi d'un café. Installée au comptoir, j'en profite pour me mettre du vernis à ongles, entre deux gorgées d'espresso. Je retourne ensuite dans la salle de bains pour me maquiller et attacher mes cheveux. Trente secondes. J'enfile mes chaussures, le visage encore endormi, puis claque la porte derrière moi.

Je reste sur le palier, hésitante. J'ai encore la possibilité de faire demi-tour. De rentrer à la maison et d'en finir avec cette mascarade. J'aimerais tant faire la grasse matinée, voir l'exposition Basquiat au musée d'Art moderne, m'empiffrer de *cheesecake* ou écouter en boucle le dernier album de Benjamin Biolay. Mais non. Et puis, surtout, qui va payer mon forfait épilation ou mon abonnement à Canal ? Mon bonheur tient à peu de choses. Je dévale les trois étages et me jette dans la bouche de métro. Court voyage dans ce train fantôme.

Arrivée sur place, je pousse la porte de ce bunker de luxe. Ma routine commence. Je salue les agents de sécurité. Je pointe. Enfile mon costume d'apparat. Puis, les heures s'écoulent au compte-gouttes et je fais les cent pas sur le *floor*. J'avance les bras croisés et la tête baissée, sans penser à rien. Je fixe les lumières du plafond.

Remonte le col de ma veste. Je fais demi-tour comme un jouet qui se heurte aux murs et repars dans l'autre sens. À quoi rime tout ça ? Encore une journée vide. Vide de sens.

Je ne joue plus le jeu de la petite vendeuse modèle. Tatiana non plus d'ailleurs. Avachie derrière l'ordinateur du bureau et à l'abri des regards, elle consulte Internet toute la journée. Elle révise ses cours pour ses prochains partiels, puis navigue sur les sites des célébrités russes. Elle se perd dans l'immensité de la Toile et surfe des heures durant. Terminé les « bonjour, madame, bonjour, monsieur », plus d'accueil, plus de café, de Coca ou Perrier, plus rien. Nous sommes totalement « hors service ».

– Vous avez reçu les maillots de bain de la Croisière ? demande une cliente.

– Nous sommes en rupture de stock, madame, réponds-je sans lever la tête.

Mensonges et arrogance font maintenant partie de notre quotidien. Quant à Florent, il se contente de dévisager les clientes, levant à peine le nez de sa messagerie de portable. Il gère sa « chasse à l'homme » en continu, sans prêter attention à ce qui se passe dans le département. « *Gym queen* chasse *Bear.* » Pendant ce temps, Suzanne, qui guette la retraite avec impatience, somnole sur la banquette en velours des cabines d'essayage. C'est devenu sa tanière.

– Réveillez-moi si Lorenzo arrive, dit-elle avant de refermer la porte.

Face à la baisse du chiffre d'affaires, Lorenzo et Antonia grincent des dents et multiplient les menaces. Antonia cherche à prendre sa revanche depuis l'inondation. Les convocations s'enchaînent et les lettres de recadrage aussi. Mais rien n'y fait : le département prêt-à-porter femme part à la dérive et je ne vois pas comment nous allons maintenir le cap.

Lorenzo arrive sur le *floor* en faisant un mouvement de jambes avec un claquement de doigts. Il tente d'imiter Sinatra pour nous faire rire.

— Alors, les filles, ça swingue ? Je vous ai mis un peu de musique pour l'ambiance !

Il se met à se déhancher et à fredonner les paroles qui sortent des haut-parleurs :

— « *Saaaanta Clauuuus is cooming touuu taaawn !* »… Lalala, allez, on se bouge ! Bonne journée, les filles !

Flop intégral.

La lettre

Durant le mois qui suit le dégât des eaux, une nouvelle annonce de mobilité interne est affichée dans la salle de repos. On recherche une directrice adjointe pour notre magasin. Antonia est mutée à Cannes, transférée comme une simple marchandise, après la plainte de Mme Fisher. Affaire classée.

Les vols sont constants et nous avons de plus en plus affaire à de véritables professionnels. Il y a tout d'abord les voleurs qui nous approchent et déjouent notre vigilance en quittant le magasin avec aux pieds la paire de chaussures qu'ils essayaient. Puis il y a ceux qui enlèvent les antivols des vêtements en cabine à coups de ciseaux, ou bien celles qui partent avec un sac en python caché dans leur poussette. Mais il y a aussi les Arsène Lupin du Faubourg, ceux qui n'approchent jamais les vendeurs, entrent et sortent du magasin comme par magie, avec de grosses pièces de valeur comme les manteaux de fourrure. Le manteau est là, suspendu sur un portant avec un câble en acier, puis, d'un seul coup, il a disparu. Envolé. Impossible de comprendre ce qui s'est passé. Mais il y a encore plus spectaculaire – des tours dignes des plus grands prestidigitateurs. Les fourrures présentées sur les mannequins disposés à différents endroits du magasin sont elles aussi volées. Comment peut-on déshabiller un mannequin au nez et à la barbe de tous les employés de la boutique et sortir avec un astrakan à

30 000 euros sans que personne s'aperçoive de rien ? Le mystère reste entier. Pourtant cette prouesse s'est produite deux fois de suite au prêt-à-porter femme, à exactement une semaine d'intervalle. Le mercredi, à la même heure. La seconde fois, c'est malheureusement le jour exact où Paloma s'est promenée déguisée en riche héritière brésilienne dans tous les étages. L'annonce du vol a été officielle dès le retour des responsables d'Italie. Il nous a fallu un peu de temps pour nous apercevoir que la pièce avait bien disparu. Florent, Tatiana, Palou et moi sommes devenus blêmes à l'annonce du vol. Nous avons tout de suite compris qu'il allait y avoir des recherches vidéo et que l'on découvrirait Paloma à la caméra, suivie de nous tous...

Mélany ne nous a pas annoncé son départ. Lorsque nous sommes arrivés un matin de décembre au magasin, elle n'était plus là. Nous avons tout d'abord pensé qu'elle était malade. Puis, Lorenzo est venu nous voir pour nous annoncer la nouvelle. Elle a démissionné. Cela faisait trois mois qu'elle gardait ce secret. Elle avait postulé pour un poste à Hong-Kong comme directrice de la nouvelle boutique Givenchy. Elle n'a pas souhaité en avertir son équipe ni le magasin. Mélany déteste les « au revoir ». Elle a disparu du jour au lendemain, sans un mot, selon sa dernière volonté. Pas de grand discours, pas de merci, rien. J'ouvre l'agenda au lundi 11 décembre et découvre ces quelques lignes :

Hello everyone,

Alors, surpris ???!!! Eh oui, je me suis envolée vers d'autres aventures !

N'oubliez jamais que je vous observe…

Just joking !*

Bye,

Mélany.

Quelques jours plus tard, un recommandé arrive dans ma boîte aux lettres. Florent, Tatiana, Paloma et moi sommes convoqués dans le bureau de la DRH. L'heure est grave.

Assis tous les quatre sur la banquette dans le hall d'entrée du siège social, nous attendons patiemment de passer devant le tribunal.

– Tout ça cé encore dé ta faute, Florent ! gémit Palou, un trémolo dans la voix.

– Oh, ma chérie, calme-toi, ne nous fais pas encore ton cinéma…

– Mais j'ai un enfant de quatre ans, moi ! Tu veux mé dire comment jé vais faire si jé suis virée ?

– Tu feras comme moi, tu iras au bois !

Florent garde un humour imperturbable même dans les moments les plus graves. C'est sa principale qualité et il s'en sert toujours avec brio, mais, ce jour-là, personne n'a le cœur à rire. Nous sommes dans une situa-

* « Je plaisante ! »

tion critique et l'avenir qui se profile semble bien sombre.

Quinze minutes plus tard, la porte du bureau s'ouvre et l'assistante nous fait entrer un par un. Nous sommes reçus par la DRH pendant une demi-heure. L'accusation est claire : nous sommes soupçonnés de complicité de vol. Elle nous fait la morale à tour de rôle, le regard menaçant et le poing sur la table. Le directeur de la sécurité Europe se tient debout à côté d'elle, suspicieux derrière ses verres de lunettes, le ventre bedonnant dans son costume croisé. La DRH poursuit son réquisitoire et le ton de sa voix transperce la pièce. Je préfère ne rien ajouter pour ma défense, je me tais comme mes camarades. Notre manque de professionnalisme est longuement évoqué et, pour conclure, elle nous récite quelques passages de la bible Montezzo, pointant du doigt notre irresponsabilité. Il faut maintenant attendre le verdict.

La semaine suivante, une deuxième lettre arrive par courrier recommandé. Paloma est à nouveau convoquée au siège social, mais cette fois c'est pour un entretien préalable à un licenciement. Elle est la seule de nous quatre à recevoir cette sanction. La principale protagoniste de cette plaisanterie est sévèrement punie. La DRH la fusille du regard et l'achève en quelques minutes. Le vent d'hystérie que nous avons semé dans le magasin a largement facilité le travail des voleurs. Tous les vendeurs étaient complètement déconcentrés, y compris les agents de sécurité que l'on voit rire à gorge déployée sur la vidéo.

Paloma fixe le bout de ses chaussures, le visage ruisselant de larmes. Elle ressort de l'entretien sans cesser de sangloter. Elle renifle et s'éponge les yeux d'un vieux Kleenex taché de mascara et de rouge à lèvres. J'éprouve de la peine et des remords, et je ne peux m'empêcher de me sentir coupable de l'avoir bêtement entraînée dans cette histoire. Nous tentons de faire appel pour la sauver et demandons un nouvel entretien avec la DRH. Peine perdue. Cette fois, Florent reste muet les jours suivants. Paloma élève seule son enfant dans un vingt mètres carrés de la banlieue parisienne. Elle se lève tôt chaque matin pour prendre son train et travaille dur pour son fils. Comme tous les nouveaux chez Montezzo, elle a eu droit à son bizutage et Florent l'a prise pour cible dès son arrivée. Mais il a vite compris à qui il avait affaire. Paloma en a vu d'autres et son émigration en France a forgé son caractère. Elle a surmonté le snobisme parisien, la froideur de la ville, appris le français pour travailler dans l'une des plus prestigieuses maisons de luxe au monde. Son parcours est un succès au regard de ses six frères et sœurs qui l'admirent depuis Rio. Elle leur envoie de l'argent tous les mois et rêve de se faire construire un jour une maison là-bas. Elle va éperdument nous manquer. J'ai la gorge serrée. Je me confonds en excuses, mais il est trop tard. On ne peut plus revenir en arrière. Il reste un mois de préavis à Paloma avant son départ.

— Alors, comment va ce cher Lorenzo ? Ça fait longtemps que je ne l'ai pas croisé, me demande Mme Lebrin qui est à nouveau de passage à Paris.

— Oh, il va très bien, madame. D'ailleurs j'ai une révélation à vous faire à son sujet, lui dis-je.

— Non ! Quoi donc… ?

— Eh bien, entre nous, je crois qu'il n'est plus célibataire !

— COOOMMENT ? Mais racontez !!!! Qui est l'heureuse élue ?

— Écoutez, au risque de vous surprendre… il s'agit d'un homme.

Silence.

— Un homme ? Ça alors… Mais vous en êtes sûre ?

— Oh oui, il n'y a pas de doute possible, madame Lebrin.

— Alors là, si je m'attendais à ça… ! dit-elle d'un air abasourdi en se laissant tomber sur la banquette. Un homme…, répète-t-elle dans un murmure.

— Est-ce que ça va ? Vous voulez un verre d'eau, madame Lebrin ?

Elle ne répond pas et marque un temps d'arrêt, l'air hagard et la bouche entrouverte.

— Apportez-moi un whisky, double, sans glaçons.

Florent s'absente plusieurs semaines et ne donne plus de nouvelles. Arrêt maladie. Il s'est donné à fond pour garder sa première place, mais a perdu son trophée pour la première fois depuis des années. La fatigue et la culpabilité qu'il éprouve envers Paloma l'ont plongé dans un silence lourd de remords. Plus que vingt jours et Paloma ne sera plus là. Fini les rires qui résonnent dans les étages, le défilé de coupes de cheveux, les gaffes, la démarche chaloupée et les dents du bonheur

– notre mascotte s'en va pour de bon. Paloma va laisser un vide et je n'ose pas imaginer ce que sera le département sans elle. La boutique entière est conviée au pot de départ qu'elle a prévu d'organiser. Un mot dans la salle de réunion collé sur le distributeur annonce :

« *Boa tarde a todos* ! caipirinhas y mojitos à volonté samedi soir à l'Escale avant mon grand retour à Rio de Janeiro !

Love,

Palou. »

Elle n'est jamais retournée en vacances au Brésil depuis son arrivée en France, et sa mère ne connaît même pas son petit-fils. C'est finalement pour elle l'occasion de se lancer et se consacrer à son projet de toujours : ouvrir une maison d'hôtes.

– Alors vous viendré tous mé voir, hein ?!

– Mais bien sûr, ma belle ! Dès que tu es installée, on débarque !

Le bar est réquisitionné et décoré avec ballons et cotillons. Les colonnes sont recouvertes de papier crépon, tentures, pampilles et dorures. Paloma a préparé un grand saladier de rhum punch et invité toutes les boutiques des alentours. Malgré le froid, le trottoir est envahi de vendeurs venus des Galeries Lafayette, du Printemps et du Bon Marché qui sirotent leurs cocktails dans la bonne humeur. Un groupe d'amis brésiliens est venu jouer et entraîne les invités qui chantent en chœur sous la neige. Un moment inoubliable dont je me souviens avec tristesse et mélancolie.

Une année s'achève et je suis toujours là. Plus de lumières qui scintillent à l'horizon.

Vais-je rester vendeuse toute ma vie ?

– Quand tu as pris ce boulot, tu m'as dit que c'était juste provisoire… Et tu vas bientôt entamer ta deuxième année chez Montezzo…

– …

– Allez, réveille-toi, Charlotte… C'est du gâchis, tu vaux mieux que ça ! me dit Chris.

À son retour, Florent nous annonce que sa demande de formation est enfin acceptée. Changement de carrière. Il veut devenir DJ. Tatiana, dont la démotivation est devenue totale, guette avec impatience dans sa boîte aux lettres son acceptation à Cambridge. Quant à moi, je regarde Suzanne comme le reflet de mon avenir. Je vais donc me retrouver seule face à elle qui attend la retraite en pantoufles. Triste sort. J'erre dans mille cinq cents mètres carrés depuis douze mois. Je me suis perdue en route. Je sens une larme glisser le long de ma joue.

La soirée de Noël

La soirée de Noël tant attendue est finalement un véritable désastre. Rien d'étonnant, elle est à la hauteur de la considération que Montezzo porte à ses vendeurs. Suzanne a fait l'effort de venir malgré ses réticences. Le couloir du premier étage du siège social a été réquisitionné pour accueillir les festivités. Pas besoin de faire de dépenses inutiles. On installe un DJ sur un coin de moquette, avec une platine et trois spots. Les tables de réunion sont tirées dans le couloir pour servir de buffet, et des assiettes en plastique, garnies de rondelles de saucisson, mortadelle et cornichons, sont servies en guise de buffet campagnard. Minable. Il y a aussi quelques collations frugales tout droit sorties de chez Picard – les « pains surprises aux huit céréales », les « douze pruneaux au lard fumé » ou encore les « trente mini-feuilletés du soleil ». Je les connais par cœur. Pour couronner le tout, la soirée est arrosée d'un champagne inconnu, sans doute la promo du mois chez Auchan.

Florent se met à imiter Mélany avec son accent anglais.

– Écoutez, lorsque je vivais à Londres, mon directeur nous offrait à chaque Noël une boîte de Quality Street et un *fortune cookie*, c'est tout ! Alors estimez-vous heureux !

La traditionnelle tombola est organisée cette année par la DRH et Lorenzo. Je gagne un parfum. Le fameux Cloud – une fin de stock. Encore ce nuage toxique qui finira comme désodorisant dans mes toilettes. Florent récolte une trousse à maquillage.

– Mais qu'est-ce que tu vas ranger là-dedans ? lui demandé-je.

– Cinq ou six préservatifs et un rouge à lèvres !

Tatiana, verte de rage, écope d'une serviette de bain et Suzanne d'une ceinture. Joyeux Noël ! Je fais quelques timides pas de danse avec Tatiana sur la moquette du couloir, sous le regard enjoué de la DRH. Minuit retentit et, telle Cendrillon, je décide de m'éclipser de cet endroit féerique avant de me transformer en serpillière.

– N'oubliez pas de poser pour la photo de groupe avant de partir ! lance la DRH.

Je partage un taxi avec Tatiana après avoir immortalisé sur papier glacé ce moment inoubliable.

– C'était le pire buffet campagnard de ma vie ! dit Tatiana.

– Tu veux dire la pire fête de Noël ! Mais comment ont-ils pu nous faire ça ?…

Nous traversons la place de la Concorde. Je regarde par la fenêtre les quais défiler à toute allure. Paris est tellement beau. J'ai fait ce trajet des centaines de fois, et pourtant j'ai toujours l'impression d'être dans une séquence de cinéma. Comme dans un générique de fin. Calme, à côté de moi, Tatiana admire la ville.

– Charlotte, il faut qu'on se fasse une promesse toi et moi. L'année prochaine, on ne travaillera plus là-bas, d'accord ?

– … Dis-moi, Tatiana, c'est quoi ton rêve ?

– Bah… Tu le sais bien : ça serait de travailler avec Vladimir Poutine ! Et toi, Charlotte, ton rêve, c'est quoi ?

Silence.

– Écrire un livre.

Remerciements

Merci à Hélène Fiamma, Lilia Bounab, Christine Canale Parola, maman, Oscar et Benoît-Pierre, Svetlana Galagan, Anne Samain, Grégoire Biseau, Philippe Brunier, Charlotte Bénazet, Dina Harbi, Nicolas Hoffman, Sophie Toulouse, Virginie Bos, Pascaline Brette, Marie Lemelle-Ligot et Dominique Descantes pour tous leurs encouragements.

Table

Composition et mise en page

NORD COMPO
multimédia

Cet ouvrage a été imprimé par
CPI Firmin Didot à Mesnil-sur-l'Estrée
pour le compte des Éditions Plon
76, rue Bonaparte
Paris 6ᵉ
en mars 2012

Imprimé en France
Dépôt légal : janvier 2012
N° d'édition : 14804 – N° d'impression : 110800